ANIME LOVER WORD SEARCH

Words listed on **Word Search Puzzles** may run in various directions: horizontal, diagonal, vertical, forward and backward.

Copyright © 2020 J. Markz Publishing

All rights reserved. No part of this book my be used or reproduced in any manner whatsoever without written permission except in the case of brief quotations embodied in critical articles and reviews.

Anime Series 1

PUZZLE #1

```
O T U U M M S M W O L F S R A I N Q G H N H Z B
W V O T B K Q N N A G A L N E R R U G A T F W D
T U O L N C D I T W F B S Q H G J R M I B E P Y
V P O W H G N I K N A M A H S H I H M D U C Z B
V O V F A S I L E N T V O I C E C H F O B Q V V
D Y G C A K Q G C Q E I G W Y N X I C E E G Q K
T A C G B P X Z C A N H N A U L I G E S Z G T N
K S N M A V G A G I W F E P G P T H E Z L S J V
F S G O U N W C R J G I E Y J H K S N B E R Z M
H L Y B V G H O Z I N G E W U C C O T E E D Q
Z M O S U O L S W D O M O L A P A H T J B V K Z
L W U A W F N U T V E U Z L I G L O S N N O D K
P G R O I O W I X A N G A Q G G B O R L N L X K
I R L Y H K R C K I W F E O R R N L D S A K D H
K Q I U X S H D Y U A Z P A W H A O Y U G I L T
F U E L D M U A A N S D A D S P H F G Q V L O X
G K I F S P H K M R G T R N O S T T V N V O O H
Y X N G G I R B A A T S A V B Q R H S T P B H P
U B A W O V G U J H S O J K K K E E W W S A C G
G B P H W F A K K H U D N Z A L K D W J A I S F
I F R I W L L Z Z Z D Y I L Y R R E H E V D H K
O S I C X K V V Z Z Q V U A I U A A Y X I I G S
H K L Y C R P X M L K B B Y M N D D O M S H I O
C I E L S X N K A M B J B T D G E R F T N U H B
```

Yu-Gi-Oh   Sword Art Online   Code Geass   Darker Than Black

A Silent Voice   High School of the Dead   Shaman King

Your Lie in April   Beelzebub   One-punch Man   Gangsta

High School DxD   Akatsuki No Yona   Gurren Lagann

Maid Sama   Wolf's Rain   Diabolik Lovers   Dr. Stone

Yu Yu Hakusho   Blood

PUZZLE #2

Anime Series 2

```
M P N I H V Y F O E I N A H I X R R N S K A D H
L X E Y U C E R S S W S S L D T P K E A S D Z O
S D R E U G A V N O M J S J A O C A D N V U P R
B F H Z S I D E R V E K A Z T K N H U R T H Z D
I B Q Z G D N C L V E I S S E Y K U P B Q J S O
U X R X D K Y J M B N M S Q A O I P P H P D X G
E X C J W T J B C E A I I N L R P X I K E J X N
J X M L L Y S K G U D N N U I A B Q H N B A T I
N C Z I A O P N R H J I A S V V X S S J G E L S
M K U D A Y F J V P N T T A E E T U O D N C X L
N G Z O A W M C R B W O I I U N A V T V K E Z L
F R G R I L T O Q H N D O L K S M Y U B I I M E
R E F E R H D V R L W O N O M E I C R F K P X H
U T O Z I G L O V E D K C R U D Q A A H K E U O
I N M L B L L M O M B E L M X F S J N H M N Y I
T U D I A O A U H L F E A O R D R H Y P E O J M
S H W A L C L E S T B Y S O Y M E V K T K G A A
B X M T R G N Z Q D W Y S N R X B M G R R E M M
A R C Y S X C U T K I W R L X Y Q O D I E E G Z
S E H R W U R P T Z U L O F L F P O D G S X C C
K T C I L P J M E A I J O G S O N O R U R I H X
E N G A B P F Y Y O A J M W G I I T P N E S H J
T U Y F N T R I N I T Y S E V E N B T X B Z T S
P H I J F U O P P I O N E M I J A H A Q F J R F
```

Guilty Crown   Assassination Classroom   Naruto Shippuden

Claymore   Hellsing   Fruits Basket   Hunter x Hunter

Hajime no Ippo   One Piece   Sailor Moon   Tokyo Ravens

Bleach   Berserk   Fairy Tail Zero   Trigun   Blood Lad

Trinity Seven   Kimi ni Todoke   Btooom   Date A Live

Anime Series 3

PUZZLE #3

```
E K W D S T R I K E T H E B L O O D T A O W I C
R X G M T B W U G U Z A Z L L A B N O G A R D G
I N E O N G E N E S I S E V A N G E L I O N G R
P I A O B E Y O N D T H E B O U N D A R Y K V M
M R L L E H S E H T N I T S O H G P E O O N O D
A B W M G D X T I / M X K M V S N Y F Z B A P I
V G R T D / F M O W S A M G I T S O N E Z A K N
O L M W T Y X / E K M L U N I Y F G I S O H V F
I V D U X H F F R C Y / A K A V W K D K H X C I
R W X R V M H G R U I O O R G M H E P X P I I N
A E K L D M W A K H T T G V A N Y Y T A K D N I
S / L D A R L I N G I N T H E F R A N X X M A T
O K I / R R L M Z D E / K X O N Z D R O I D P E
R A H X S K L E B L D T / S C U S A O G L F L S
M V T R S P I C E A N D W O L F L / U O D T A T
W Y R A I D E R U T U F E H T F C O Z R H H T R
Y U K V C U F O O L P M A H C I A R U M A S E A
M O W N B U P N C D F W W X C C V T V D U N M T
Y E O B O S N K H X S U E N M C G E E T X B L O
G F N T M Y O R A B E H V Z O I D O E / T Z L S
H T H E S E V E N D E A D L Y S I N S E Z Y U N
O V M / D E S O L C E S A C / / R O T V C E F H
/ Y L X / Y / G R V A M P I R E K N I G H T R W
G E W F I M X V P G N I W M A D N U G P K A C O
```

Dragon Ball Z   The Future Diary   Fate/Zero

Darling in the Franxx   Tokyo Ghoul   Full Metal Panic

Strike the Blood   Ghost in the Shell   Gundam Wing

The Seven Deadly Sins   Infinite Stratos   Kaze no Stigma

Rosario + Vampire   Samurai Champloo   Case Closed

Neon Genesis Evangelion   vampire knight   D Gray Man

Beyond the Boundary   Spice and Wolf

PUZZLE #4

Anime Series 4

```
K B 0 A D / U O I M W 0 U B A O / U / ! I T S L
U / 0 D D A V V F C U Z O T K A 0 R / K / F ! C
R A 1 H 1 I / E ! V M I / O U E S ! R V M I I I
O I O F U T U R E D I A R Y Z K Y W D S O ! I T
K M H V T E C L M H H B ! F I I D S N T U S K L
O E C E K Z F O ! C Y P / A N L Y D A N N A L C
S D Y ! A Z B R Y R T M V T O L P O L C 1 I / !
B A S M D K B D S B N M A E R L F U R B E K S V
A C P R I P D E M O R K / / E A F Y E K F I 0 H
S A B Z N S S R Z S A H / S H K W C D T I K H N
K O O W R W R I A M R A H T C I O U N G L U F R
E R M / I V R H E C G I K A A L I P O Y O S R Y
T E T H D O S G M R D K M Y E L B M W A N U T M
B H Y E H A A G I ! V Y Y N T K W I N K E O L 1
A Y U G Y K N I A S G U I I T E F T A ! M N D C
L M O U I I Y R T E T U A G A V 0 V M R A O D L
L N L W ! O L 0 K ! A H H E / M P D I G P U R
H I L N F D / Y ! W N B E T R D Y H A G O S D B
B M D G A T R 0 W T C U O B G D D L E T N I Y B
! M A R F N I 1 U V S O D H L U A R D S D N P O
C M O C F E Z K Z D F Y T M Y E V P S / L A O F
K T ! A H A S R A K W I T M A / G H F A / N E T
I H P A R E S O N I R A W O W L Y N M A G 0 0 N
C O S P W C Y F W T V C D N W I S ! A ! B U V M
```

Great Teacher Onizuka   Future Diary   Angel Beats   Toradora!

Kill La Kill   Akame Ga Kill   Saiki Kusuo No Psi Nan

Kuroko's Basketball   Slam Dunk   Clannad   Mob Psycho 100

Deadman Wonderland   Fate/Stay Night   My Hero Academia

No Game No Life   Haikyuu   Owari No Seraph   InuYasha

Overlord   Log Horizon

Anime Series 5

PUZZLE #5

```
F C F P M E T A G S N I E T S O Y O V A A U M F
L C N R C O T D E A T H P A R A D E B P I L O K
N ! I R F G V L R H S W D E F M B I B F W A ! W
G H H K L F Y N T G N W R R A H K U E P T A F K
N O S D N A L R E V E N D E S I M O R P E H T Y
O N N G V S M F F U C P L P T L K ! A S V ! U O
K F E E I L P R U A P G T O W S O B K D D G B B
D O K W S D L E K O D A I I N C K O U T I F E T
A S I H Y E M N C O N T V T M S R R L O A S N R
T N N L L A A ! P I W M B W T G A B H O Y A I E
T R U E ! T C B V R A R V A I R I ! U L S Y L Y
A S O T B H L O O P M L ! S A S L G R V G I N A
C N R L L N P S Y I S A A R H Y M D T T G L O L
K U U I A O L W N O M M A A P U F E P A V O T S
O R R W C T L E O T C A E T Y S A R A P P V R N
N A L G K E Y C K Y E T G V Y S L Y P A M E A O
T A R I C T U V B ! S N B A N A L B W ! N Y D M
I O U D L D C H P P I I P P R U I B H F K O R E
T I B E O Y O L V P C G T I S O S S L G K U O D
A I V Y V K ! C N A U H I E V F N I R L F V W C
N A S Y E W K R N R ! S T T W C M F L Y L W S K
! M U D R D E I L N E F L E H M A H K N V L W C
V C C A G B B A M V H G D P W ! G ! B P N M E W
U U H A A C N S A N A H O N A C I O K R C Y R F
```

Death Parade   Parasyte   Gin Tama   Magi   Black Clover

Rurouni Kenshin   Death Note   Yu-Gi-Oh!   Say I Love You

Special A   Nura   The Promised Neverland   Noragami

Demon Slayer   Attack on Titan   Sword Art Online   Anohana

Durarara   Elfen Lied   Steins;Gate

Anime Series 6

PUZZLE #6

```
A R E D Q J C R K A M I S A M A K I S S H A N B
M U S H I S H I L P G I V Y X J P V G C U Q R N
K A O W H F Z N F D C S E K I R E I H Z B G V O
K F M J E O B M M H F O S Z S V D A U O O G T O
G R O Y N K A I M P I A B F O P R F B L O C S G
Z O S R Z F T R G O X W I O C L J L D A U O E A
A S S E S V I P N K R S Q R O R A E K A G W T L
I A T E O C J Z A E T D P T Y C N U N R S B D K
M M V J X H W R T M C M T C K T O W L D R O N C
Y U N R R W D S C O B E P B I Y A B X M A Y A A
U R V T O W N E D N U F U M H I D I B O W B A L
S A C W W O H M G W M T E Z C E C A L Z D E K B
V I H F M J A P H U L I D Z W Q C K F T O B A V
H P U S T C T L U E J U B V W C J L R V O O B X
V B G O Y F I X R G Z P N G A F U I X A F P Z K
X O J V J I L S P T X B U N P S A T H Y N T G Y
U S O U L E A T E R H N O T N Y Q Y U A H M P Q
X P S O D N I S E K O I O Q A M H H X X B B A N
O E P A C V F U L L M E T A L A L C H E M I S T
R E H T O N A I K K I N I A R I M W I J W O S K
S E T A M I T L U G N I S L L E H N I I E W X O
U Z S S A P O H C Y S P O Z T D V O B K X V J I
M F W S H I G A T S U W A K I M I N O U S O P X
P K J O J O S B I Z A R R E A D V E N T U R E L
```

Mushishi   Fullmetal Alchemist   Soul Eater   Black Butler
Sekirei   Nisekoi   Food Wars   Psycho-Pass
Jojo's Bizarre Adventure   Cowboy Bebop   Ranma
Mirai Nikki - Another   Shigatsu wa Kimi no Uso   Pokemon
Monster   Afro Samurai   Kamisama Kiss   Black Lagoon
Charlotte   Baccano   Golden Time   Baka and Test
Hellsing Ultimate   Fairy Tail   Hyouka

Hunter x Hunter 1

PUZZLE #7

```
M A L L U K A Z O L D Y C K A U U F O B I H I X
T G S E L N E L T D B Q M K S F G R G K G D A P
S Q K N K P N A R L D U O V A A E A R C E R Q O
I X P M S A L A G L X S Z G O T H H R Y C U F B
S K O E V W I K V K I R J I E E A E A D Y T Q X
C A B J U D H I Y H Q B W N K L G V Z L P H L K
A D O N U K A P R Q I D Q G S E X O D O X W C U
V Z O B S J U A B B A V F F U P B G I Z P S N R
C D N B J R B R K N H O M R T L X H R A I M S O
K O E F K V R U G M I E K E Z V C I O V T W A R
X J F D I B C K K R U T L E L A Q T J L A I F O
V U E F L E Z J O R I F A C M G U G T I G Q E L
W B R K L N A E E U V S X S A S Z I M S Y H I U
H J P C U X L M C D O Z X S Q W K A Q O L H T C
P E I Y A E B S P L V U W V U V V T X J R S A I
V U T D Z F I F B Z G O N F R E E C S S A A N F
Y K O L O B G L X S H I Z U K U H G D E K H U E
P F U O L F S G B Z I X J E U O V N K O H Z M R
I Y J Z D S S I L L U M I L C L P A M E H T Q T
V I U O Y M K K U M E Q K K W E I U J Q K O U Z
M N Y N C V Z T I V D Y A C X T G O J M J F Z N
K O B E K I H L P U T V L U O I L W G F U F W Y
X W F Z B C C U B U N G G N O Y L U M A I N T L
R N F J M N U H G D M T O K M F F I K X L Q L A
```

Pakunoda   Shizuku   Komugi   Morau   Silva Zoldyck   Ikalgo

Machi   Ging Freecss   Knuckle   Alluka Zoldyck

Biscuit Krueger   Illumi   Neferpitou   Kaito   Zeno Zoldyck

Feitan   Netero   Meruem   Leorio   Kuroro Lucifer   Kurapika

Gon Freecss   Hisoka   Killua Zoldyck

PUZZLE #8

Hunter x Hunter 2

```
O Z N B R N F U O P A I A H S J X Y Y T G V V J
W W J R B Z K L G C I H N D Q S H A L N A R K U
M R M A P C W K J C X Z V T N X B W N H S R U R
Q B O R Y O N O X U U K Z O O J T M O D V N Y A
Y Y J P W G K U T S R G F U N O J Y T Y J O N N
C J F H J C C K H L Y O V D H K H E S P A B P C
S G P I O E Q I L H L M Z C Q B L S I C P U G F
S N Y N I G A C K E H K R A J K Q D R E Z N U Q
T R I K X I H E U B S U Z T R P V B A I P A X B
G Z T S S A Q M M O M G F Y B C W R P V V G O W
A F Z T J M W O N L M P T M R U J W U L N A E I
G E S G M K R C H B A E K A L L U T O P H H L W
S C H E E T U Z N B T P I W R O O T I J K A Y U
B P B X P R V B T G Y B G H O A Y T Q X H Z P V
S O R T I G D Y E I Y V T H O V O Y U Z G A S O
W K E K F N U L R C B J G G Z R O R D R V M T G
J P M J L X T V E A M E S T O P T M Q O C A E I
A E D M C N I Y U E M U A A B Q Z S W I L T M N
O R D O P J G R N K W V Q N T H D Z N U U E C T
R T P O O P W C O S A Q R D S O E Z Z O P O M T
Q Q U C N N H A U S J T Q Q L J T A P R V S M Q
F L F B Z I K B X G O P D L H Z Q Z D Y R O C W
M K D M U O N U G Z C B O N O L E N O V E V I Y
B K I K P R U M X H B X G O B O M V F G M Q Q J
```

Jed   Von Strohiem   Cheetu   Bonolenov   Knov   Shoot

kalluto   Menchi   Zushi   Palm   Beans   Pariston   Shaiapouf

Melody   Pokkle   Ponzu   Satotz   Uvogin   Phinks   Razor

Nobunaga Hazama   Shalnark

Naruto Shippuden 1

PUZZLE #9

```
P V Q Y U A P K M D K U S H I N A U Z U M A K I
Z S V Q Y I W J S N Z J Q L P O B J D F O F X L
F J K P R J S L B P K A V L S N T M L P G U L W
E D B Y W H L O R N E G H D U A V A X B Q P K C
J O R L S E N J U H A S H I R A M A G U Q F X V
W E X O K F X A H I H C U I H C A T I A P L E M
Z A B U Z A M O M O C H I E N C A P E B N L K R
S C Y T X V C G I V C R F A F M U A V G L A A T
I G V O O N I M U A K U R I A A N E P U U G T E
K J B V B V L N K S I U P D Q I G T K S Q U A Z
P O K G R A D Z Q T T G A U N F A O A U K Y H A
X F N N F O R P F O S R B E Y R T B H Z S H I K
M A G A U W N P U X A U T I A Q A I I N G A H I
Z C J P N P U Z B U Z A N N D S H R H S X T S M
X M Y Y N H U F C B I D U A W S I A C W B A A A
F E Q T M M S H A L Y R J F D M H M U A B N K N
B L Q Z A K I G E E A C Z W E E C A I N A I A O
V W E K Y H U D J M N R O E D T U S U G B H K T
S R I B A Y F T A S Y I L L L D O E S A L S A A
C O B Y H O N K C D P K T D D E T N I A O X N N
L Z M I X Q I I L K C A G M N Z I J H R T L F I
J O J Y L H S Q K O N A I H X R B U S A K J A M
Y E Z S S N V H R J P W Y N J K O B M A V R Q Z
N N Z T V I S Y U G T H G I M O F A Y I A R I J
```

Konan   Iruka Umino   Nagato   Shisui Uchiha   Tobirama Senju

Sasuke Uchiha   Zabuza Momochi   Neji Hyuga   Madara Uchiha

Obito Uchiha   Tsunade   Hinata Hyuga   Senju Hashirama

Might Guy   Rock Lee   Kushina Uzumaki   Nine-tailed fox

Pain   Gaara   Shikamaru Nara   Jiraiya   Kakashi Hatake

Minato Namikaze   Naruto Uzumaki   Itachi Uchiha

PUZZLE #10

Naruto Shippuden 2

```
P K T I T N Y V B M H M B P J G A M A B U N T A
I U M B M O L M S D D R Y J N Z W O C U A S N W
H J V O U D J X H V S Q B U X V R X P Z W G Z H
A A E T U Y H Q I B A V K D L A V K O N L H T P
G C O U M H K I K W E K Y Y M G I P F K A E U B
O Y O R H X I D A A A M R I Q B Y X V O S M R U
R Q G A X T B Y K P O G M X A Z S F Z H C A A Z
O K E S O K O Z U S M I E I V A T G Q I U R M Q
M I G U V D T O N A K E N N S T E V T R J U I S
O S A R A Z U H A D K U I O X T M W Q U N B H D
O A K A M A R U R H Z X R T E J A C H Z E A C F
T M O M L J A X A U M I A I E A R F A E S O O D
S E H A A H S G K S N Q A H Y R I C G N A N R E
U H S H A M A A T L F F D U C I U P J S M I O I
T O T O A J M N L U Y I S Y O E R M P A A H R D
S S E N K X U T F H K X Q I T C I Z I N R S W E
U H G O Z C S D W U P F B A A D N S E D I N R R
K I K K W I A Y X Y J A B N M O N T D A H N A A
I G C I H C I K A M A G E E A F O I M I S K S X
J A Y L L U E I P Z M S P R Y B H T Z M A O J Y
S K H A K U P N Q I K X Z U C E A J V E H I W U
T I S O B K W D V I Y J G K Y T R P X H V E R K
W A O U A T L Y I E X G J X O G A U J U P P N A
C V E T L C B R E L L I K R T A R H B R G B J H
```

Hagoromo Otsutsuki   Rin Nohara   Kiba Inuzuka   Kimimaro

Kurenai Yuhi   Shino Aburame   Konohamaru Sarutobi

hiruzen sandaime   Hashirama Senju   Hokage   Mei Terumi

Orochimaru   Gamakichi   Haku   Kisame Hoshigaki   Temari

Asuma Sarutobi   Pakkun   Sasori   Akamaru   Deidera

Killer B   Yamato   Shikaku Nara   Gamabunta

The Seven Deadly Sins 1

PUZZLE #11

```
R L S S D F E L I Q S W J C Z L H C T W F K E C
V W F F O L U P V V C E L E V N P W S L G S M B
N R R R E M W X S L Z I I W L Q Y E J P N E P X
P P V I D W Y A G F R N O I B I Z O H F I Y G X
F X H H F X D Y B R M H N S K L H R O U K Z X D
L D A E M O U V T E P E E B Q T T U A Z Z F B J
S M U L I R V N T H F I S A E I G I J W I A Z D
G M U L I X H M J T N D M B J Z U N O N M A T H
O F E H Y D I G T W H T A H M J S C G U H S T A
D M T O W M N N O O V Z R H Y I T Q Q F C W Y W
D Z K R D U E V S G I M G O N R A D I O G J U K
E D T W I G O A B L D Q A W G T F A V H J U M J
S X T P M S R C E I H V R Z S U X H X M N Y T T
S A L A R T I S A E F H E E C V I C P A C B J F
C T C H A R E N X A D A T R E O Z L I D V F P Q
L V P R E N E F T G J U D E Z Y S V A N I I Y C
A F A P O L L J A O T I C T Q G I T R F F L U C
N Z K I Z C B W S T W J N G Q V S V B M X S T Z
M A L S C F I R L G T Z Q G Y P G B P S E P H U
E H G Z G N S L A F N Q Q L Z Z X T Y N M V T S
M M N Y Q X S A A M D U M R T M P J N K E I S J
B E N I A L E R W V X N Q Q B N Z E D C K L P X
E X Z T J T E S M G E F A L E V T O T K D C L E
R P X Z V C F O E W U H J B P T N F Q J J O V E
```

Gustaf   Mead   Zaratras   Twigo   Vivian   Howzer   Helbram

Weinheidt   Ruin   Guila   Elaine   Ellen   Taizoo

Liones, Margaret   Sennett   Jude   Goddess Clan Member

Meliodas   Liones, Elizabeth   King   Hawk   Gowther   Diane

Ban

PUZZLE #12

The Seven Deadly Sins 2

```
V X D K P L T W Y R S M S V Y N Z Z E Y X K I J
K I O H C I R E J D G I L T H U N D E R Z K P V
A H D K V P P G S T K G B T E P N G C S F D B L
S A L N R B J Z Q W U X D L Y Y D G T R Q R I W
O C S V V T R U T A L Q A X R F R M O D E Z V D
V B E V E K I X M N S D M W Z T Z N S I M O N D
T N M R H U S Y T L I E O G Z I A O X M T K B C
J Z P M L L M Z Y A R U V W R C K E L S J T V H
H R H N I J B V F L K Q W X S I Y G O L G I U S
E A U O O C A W I Q H T L E A S A D N J H E D W
P A G S N A R N T R E N E L S N A M R K F M M Y
L I L K E R Z F K S V T I R J G J M O E M Q S S
C S L C S W A I F K V O B T Q Z D E R R Y K Q B
G E L I B H D N I M N O F M B B E W Q A E F G Q
A I X R A B C L N I I O S S K M G A I Q M Y U E
X R E D R L A Q T I A P D X L U M M L S I F Q S
T F E N T E I S N V O S Q X R A X R J A N A D C
O R J E R A N P J F E J M R M X D T J L K L W L
E A A H A I U F E F B C E K E L Q E I X H F I N
I C U H X G Q O R V J G W H D O G G R J A W V O
I I G I U L M Q O L G A Z O K D H Z I T F B N N
U I G V W V H Z W X H K P I Z I L W Y Q Z C W C
I G W V G I T L A C I N O R E V S E N O I L B T
U D J X E F F R D W A I K B B O V A I G K Q H G
```

Escanor Zeal Luigi Merlin Barzad, Cain Hendrickson

Dale Griamore Hawk Mama Dana Liones, Veronica

Dreyfus Simon Alioni Golgius Slader Liz

Liones, Bartra Jericho Friesia Marmas Gilthunder

Fullmetal Alchemist 1

PUZZLE #13

```
R V A R R D O T D Y W Y Y W P J Z Z B M N X E D
I L L E B K C O R Y R N I W R W Z C D F X F U E
Y W N M H O W T B S I T R U C I M U Z I M Q W R
S D O L I V I E R M I R A A R M S T R O N G U M
F F L P G Z E Y E K W A H A Z I R Q T H U G I M
P R E Y L T M P W D H W F N C H P H H L O N I L
Y O D S X X B Y K Q P V I B A H I L A E N E O Q
O Y W R T V C I D Y Y D B C V G A R R L H T Z E
I M A I T R Q H V E D H N L C O S C J N G S G Z
V U R L G X Q R S E P H A W C C K C E H U W G Q
I S D L C L F V G P V N F A X E N H A J J G S B
X T E Y Z I W W E Y F T Q L N V O D F R B R M G
T A L A R N I W B A Q U I X N H E N L L Z E B H
A N R W C G Q Q N G N O R T S M R A S I U O L A
I G I T V Y V X E O E Y K K U S Z W K V I D U J
T Z C A M A T J X J U Y Y S F F W F Q F J A W R
P N Z Z K O M S R G N O O V X O W D K S C S B W
I Y G S F I N B G Z D Y L D P Q A E M U Y H V W
Y E L D A R B G N I K A L P H O N S E E L R I C
V Q X C O X Q J V Y X J G B H K F Y R H S V P J
Q F V Z J V G W W R D V H Q S R I G V H C H T V
D T C L F H Q D L B S U D N P S B V G N Y M M T
E A K P D O N M J T E W E X G R E E D M E M N B
M Y S S V Y O J J Q A J E S D F T D I G C J C X
```

King Bradley   Lan Fan   Envy   Winry Rockbell   Hohenheim

Olivier Mira Armstrong   Louis Armstrong   Izumi Curtis   Greed

Scar   Riza Hawkeye   Ling Yao   Alphonse Elric   Edward Elric

Roy Mustang

PUZZLE #14

Fullmetal Alchemist 2

```
Z O L F J K I M B L E E G O H A P H E Z S V Z D
V A N A G V A T O F A L M A N B O V G N Y B T T
V V T O N O C N K S L Q A Y Q A R G L N Y Q E T
Q N D O A T B R H F S E U Q B C P G M R D D P A
C H X V C E Y M B B S E Y R S X I M F P P A P R
G V P B E Z Y A F S P O L B C S O U A I O W S C
K R P S N L U K P K S E M I J C S Z H Z R J J Z
H E Z S Q M V K Q S O C D C M L J O G S B W P M
V M A R I A R O S S M V Z S W B B S U R V G K O
J V G T N I Q L J P F K Z D A H R I V L U J E U
R C S Y Z S U B K A S F C Y K G R A U S D H E I
Y J Y B Y P Z G Z B L R A H P A D S D D Z D Y U
P R I D E I P D P U L W I J D Z T U X L I W G X
Z A M I T W J A X P W M N F B A H B W S E X Y G
R G U K F G X X P P V A F S B V Y B O R E Y G I
Q C V B U L P O J W N O U Z N S N N X T T E O R
H E I M A N S B R E D A R K E K I R I G T F Z L
J H B X Z F V L X W T A Y K J T X M B S Q T I X
B L G P J T U P W B A Y A U N X M J L K O Z P R
I W X U E E K I Z P B W M D F A Q X R J Z K V E
N D Q V R U I C R S F S P F R N U Y U T B X D X
B X L R S K O N R E E N A C C U B L I H U B W C
V U L I O Z H X Y D I M O R K U H G Y B V F T O
O V B Y U I I R R F T H C H D A V H W D Z S V A
```

Edison   Yoki   Jerso   Zampano   Heimans Breda   Darius

Lust   Cain Fury   Tim Marcoh   Selim Bradley   Vato Falman

Buccaneer   Maria Ross   Zolf J. Kimblee   Pride

Tokyo Ghoul 1

PUZZLE #15

```
V Y Y G U O R U Z I M I K A M A T E F X T Q S D
Z M G C E A M O R O T I O H U C F W L W V G O I
F Q A K T U S H I R A Z U G I N S H I L L U H I
A U S Y M U N U O D I E S A W A Z I K A T T K E
O E Q M U I R J O H A N N E S T Y C H O A O V G
T O N A T T B I V H T M Y U R I E K U K I S R O
L H Y T S O U U A Q S H I B A R Y O U T A R O U
C Y O S U U Z X M H Z I J W Y T G N G P K J K M
I N S U K K Y Q J L I A K C J T K B M E U A A J
I B H M I U J F P V U E R A N A O J Z D O Y N P
H K I A T R I W P V W V H I M R Z Q H Z T S E W
S C M E O A E F F I G P B I K I J X F Q A A K A
A H U Z O M V V T H R G K R F A R P T K M S I S
K N R B R O A M I C G P L O T N O A D C I A K H
A X A W U T J G X T C P F O S N I D O Z H K E U
I M F U G O L X S D F U G K N A E C A N S I N U
H K J Z Y T Y W A L I Z A I Q W K W O M I H W M
S A K A I T O M O N O R I U H C R A H A R A W A
A W S K I K A N E H G R V E I O I G Y Q I I M T
Y C T I L K I Z U D G Q X Z W E V S I O K S E S
A D Y O N E B A Y A S H I S A I K O H Q R E D U
B A B U O R I J A D A S A D H B G B U C Z I Y R
O H M H O K I A M E B A H E D E H V M A O H K I
K V O W N X Z F L O O A R A K I K E A S Q A F O
```

Akai, Tomonori   Itou, Kuramoto   Kosaka, Yoriko   Yoshimura

Asada, Jirou   Aliza   Shiba, Ryoutarou   Mayu   Washuu, Matsuri

Ui, Koori   Abe, Maiko   Saeki, Karao   Ihei, Hairu   Nico

Mado, Akira   Takizawa, Seidou   Tamaki, Mizurou   Arima, Kishou

Kobayashi, Akashi   Hoito, Roma   Johannes, Tycho

Kirishima, Touka   Matsumae   Naki   Yonebayashi, Saiko

Urie, Kuki   Shirazu, Ginshi   Sasaki, Haise   Mutsuki, Tooru

Kaneki, Ken

PUZZLE #16

Tokyo Ghoul 2

```
A E N O R O O B A R I H A K O I N H I B G X T O
S B A U U R O W I V G A S A M U O G E G A K O T
I L I W D P R I K R I S F P N L N O K R K F S T
S W H J R O Y O U F I A B I R U N U H K P O N I
U F V F L R H U S V X C Z B R F R U F L I C M J
Z K E B K U U H T B X H D F A E C I T I G A O N
U V C E R G C P I R V I A N I A H O H A N K D I
Y G O O H O F E E Z F W P P R C G S N I W U T H
A T H N N O K H D N Z A W S I A O B H W J U A S
J F X B R H S S U P U K A N M Y O I H T A H K A
U H I A I O X X R D M A U I E O H M K S R S A T
U U J I D P S Y A P R H H N X C N U A U U A T A
Z O N V V H R E M X S O U D U J R P N K M M S B
O R E B C D R U W I W S N G B O N E O I I A U I
U A R N H L P D H A T O E I I O Y E U Y N Y K H
Z T O D W Y X S Q U L U H W Q U T Y A A A I I C
U U M B D Q A G U D F D A T S X Y E K M T K S I
S O O D F B M H X X O I K U D K G F I A U U E M
G K Y W I M S A F R W H T A E Y N G H M R S N Z
A N G H S A P X C A R H I A N E G S I I U T H N
U O S H W A J P O V J E C Y V A H W R R F G F S
L M P E N H A N B E E A B A R A E G O U R E E F
X A Z Z C L P X M A I R O F J P Z W I M R O E R
H O U J I K O U S U K E A R A T A T H O Z Y E W
```

Fueguchi, Hinami   Kurei   von Rosewald, Kanae   Toga, Miho

Hanbee, Abara   Tatara   Takatsuki, Sen   Shibashi, Shunichi

Furuta, Nimura   Marude, Itsuki   Asachi, Waka   Hooguro

Okahira   Mairo   Michibata, Shinji   Washuu, Tsuneyoshi

Kuroiwa, Iwao   Eto   Tsukiyama, Mirumo   Kanou, Akihiro

Suzuya, Juuzou   Tsukiyama, Shuu   Amon, Koutarou

Tokage, Goumasa   Ganbo   Yomo, Renji   Houji, Kousuke   Noro

One Piece 1

PUZZLE #17

```
N V O G N I M A L F O D E T O X I U Q N O D Q V
G P X X L D Z K X H I X N S R U K X O K W J I Q
O X C E N E X B V N G F G X R V A H Q D E W L Z
P X P U Y P E A Q T M B C E E C D Y E C B Z K Z
W I J N A S V A I U A A G R J W R Y E I W J W X
K H C Z J Q K S J R E O U A E Y Q T E M G U A N
T K Y R O N O X T E R L T R S L A G J A U S H O
Q E W G O I G O C D I O N S C G G D V R N I I G
W R N I M C L Y L P P A L B W R P M O C Y L M A
Z E L J L O O O H S Q E D E X O X N A O F V E R
Z P Q Q M R G D Y T L I N B R F W K A T F E L D
A P J E I O S G I C F D R T Z I O P W H U R U D
C O O J X B D W A L R A G L A F A R T E L S C Y
R H K H P I Z S Q A E A M U B J E A H P D R A E
T C C T R N H E W P S V A U S M F G E H Y A R K
O Y O M E V E D F D A E W H P C S D O O E Y U N
N N C M O I E I A F G S A M G N Y Y A E K L J O
U O N H F B J C I X T N C P P B K E R N N E X M
O T A Y J O E I Q B K S B E C S M K V I O I Q Q
F Y H B K G V Z K S Z K H L A Q C N A X M G O O
C N A I D E D S G O O E X B U K O O H F W H V E
Q O O F X T A N P O A O O M B X F M S H I H Y L
Y T B Y Y A E K R G H Z Z O R O Z A O N O R O R
B E G E Y P O B S E S A C D X K M O Y K N A R F
```

Marco the Phoenix   Zeff   Franky   Crocodile   Juracule Mihawk

Trafalgar Law   Donquixote Doflamingo   Tony Tony Chopper

Bartolomeo   Brook   Sabo   Portgas D. Ace

Monkey D. Dragon   Boa Hancock   Nico Robin   Gol D. Roger

Aokiji   Monkey D. Garp   Shanks   Silvers Rayleigh

Edward Newgate   Sanji   Roronoa Zoro   Monkey D. Luffy

PUZZLE #18

One Piece 2

```
H K P Y B A X K F P E D R O Z I T P U P H B U T
D J I P Q C O V V I A P D Y O J J T I P Z K E L
S O S H H D H T Q D V F Y V O R D N X H O W O M
C U P N K T A E B H S G E X G P Y N A G L R C I
U O E B W U J V Y H Z N X E H P H K N S M X R Q
D J R V N A P V Z D K A S D S H I E C Z Z I O Q
O F O E B B T O R R A C T R X X S F D U M W S J
G G N D M E M P O R I O I V A N K O V H L D K Y
J G A I A U A M A A B N E F E R T A R I V I V I
A P U R J M V L F R X T H S I D N E V A C Q E Q
N Z O G M Y U J U G H D L Q F J M E A H J V S H
N W A R G I B K V J V B U G G Y T H E C L O W N
N K J K T A T K W A I R K A Q G Y E M A F W V T
A K P V B G A U K E Y E U M L F U O G E K Y P F
M Z S N C I A K X N M V R N F S Y M X I F F G Q
K C R O D T F S Q Y C O A E T T A B Z W I K C R
C R X O E G Q M D V C M L A K L A A Z O M I T S
E W D N A L O I V A I K S O J O R Q P U C F M W
B X Q X N S H O J X C S U E H U M Q C C G R S E
N Z P E M B Y O H Y K E R L G T Z S U G R P F A
N R D O U S A B D I Z J D R P E R L N T G B J I
E A K H A K S T D Y B P G Y A G B A V I I Y A J
B E M I H S U M A M O K E N O O A V B J V H N B
R C W M U S O P P L Y L W X R X I S S H O A M I
```

Lucky Roo   Nami   Kaido   Portgas D. Ace   Carrot

Benn Beckman   Pedro   Viola   Rob Lucci   Buggy the Clown

Issho   Emporio Ivankov   Sengoku   Cavendish   Perona

Nekomamushi   Nefertari Vivi   Eustass Kid

Bartholomew Kuma   Kizaru   Usopp   Sanji   Vinsmoke Reiju

Smoker

Attack on Titan 1

PUZZLE #19

```
L Y R E I N E R B R A U N R R U N C F Y H H H U
Q Z I B S Q P X G E L E Q O I S G I S Q T M R W
A N T V R A B H A N N E S Q M T W J Y C I B E I
Z E B C Q A I I A Q G L J L Y L D W I H M E G W
T L M H E N A R T J C I S J A O J Z M G S R E Z
A A I L B N G F A F M R A O B V P P M S N T A Q
J T K E B I U H V H X D N B R L K Y J D I H J S
E S A V S E J W R I C O B R Z E N S K A W O A T
N I S I R L G M X R U A E G N A H E O Z R L L T
I R A A Y E F B C S M H Z D K Q Q J H X E T R O
E K A C K O P R D Y B B G E A J B N O U I H A B
T O C K N N J P Q Y V K C Z K S Z Q T P K U C O
S R K E Q H T R I S P Y D G E I S N L J C B A C
R E E R I A L H S R F V N S N V M T B N B E C R
I G R M L R Y E I A E A J Z L A Q C T E X R E A
K E M A A D R I B U Y H T L E L R A N I M R A M
N A A N Q T F A M A M L T G V K L A R A R T E P
A J N U M O N I B H D N A Y M N J J P J G O T D
E N B G J A N P H Z R S P O N C W C Y P P G P Z
J E A Q N U N B S U B W J F H N E Y Y W E P P B
C R E U V V J P M I S K M N I Z E P O T A A P V
D E N L J S A S H A B L O U S E T K R I A P U L
U F O R E G N I R P S E I N N O C R G O M V R S
S Z T T D E Y D D O T P I X I S M Z M M L U J G
```

Nanaba   Rico Brzenska   Kenny the Ripper   Bertholt Huber

Mike Zacharias   Reiner Braun   Petra Ral   Carla Jaeger

Marco Bott   Dot Pixis   Ymir   Hannes   Connie Springer

Krista Lenz   Annie Leonhardt   Jean Kirstein   Armin Arlelt

Sasha Blouse   Eren Jaeger   Erwin Smith   Zoe Hange

Mikasa Ackerman   Levi Ackerman

PUZZLE #20

Attack on Titan 2

```
A G X M K T B H G V I D Q H K M M R G Z L V R J
D I A N D I E T R I C H I N B W J K S T I K L F
F K Z N R N S K A H Q J J N D E B E W I B U B A
Z R R A E P T J S L H Y I O A L A F M W Z B W Y
T E E C G J S C M M D Q C B T F Z S F J C C G W
W V G Z U V R A U I P O G Z N C R N T U S R S Z
F O R J R V T V X I I B G W M F I F T V E Q V
G O E O K Q R E L O D H O X K I B W T I I Z X O
M H B O N W L N G D E N K W H V Z X H Z Q T P S
O T N S E X H I T C H D R E Y S E Q Y Y X F A S
B L I Y R A H C A Z S I L A H D K G C W R J E N
L O E Q E H U Q P O H I B K H Y E F G I C V G O
I T H V R E N G A W S A M O H T Y Y E G E I R G
T R R I U X W V I I O H F X I Z E D F E Q Z I H
B E A B B D T K L W A F T V H O A F R N O V S O
E B K Y Y N Y P F N D S R V Q R G L W M L A H L
R C N U M A L A N Q O O H A E E E E N K G F A U
N W A W F G B A Q D X Y Q I N G R R R H Q I J O
E L Q K J M H P T C Y A S Q E Z L U L Q A A A B
R K E I T H S H A D I S Y L B W E V X B X Y E O
D X J E M C B Q U O Y L F K G C P C Q S M U G Z
P U N S Z E C I R G O C L A F W G T C P U G E A
C I N A T I T R E N I E R N I L E D O K G P R D
G L K B Q A K C E I P A N I L O R A C A N I M O
```

Caven   Franz   Dhalis Zachary   Nile Dok   Flegel Reeves

Hannah   Anka Rheinberger   Thomas Wagner   Ian Dietrich

Dina Fritz   Falco Grice   Beast Titan   Pieck   Fay

Zeke Yeager   Reiner Titan   Eren Kruger   Bertolt Hoover

Oluo Bozado   Hitch Dreyse   Mina Carolina   Keith Shadis

Frieda Reiss   Moblit Berner   Grisha Jaeger

Dragon Ball Z (1)

PUZZLE #21

```
T I N L B D W Y U T K P E E O D R Y T I V Y P W
W U P I Y D U B R R C Y N A 1 L P I C C O L O R
B E N U R 8 I R D L A B F 6 T U 6 H D Y W T G J
B M 6 6 J I C Y S M L N K O C U F J C Z S K Y P
6 C S G Z P R K W L B O M H K 6 W D B 8 H V U I
J 1 I D B B N U S Y U L U N C H W G N Y E B U H
H 8 V V U E U W K L K E F G C G O T E N N 8 K S
K G Z L T L J 8 V S O 1 E G 8 G 1 P I T R B O O
6 Z M O V 1 D Y H P G V A E E U D P 6 F O E G R
F A G T 1 F B 6 M L E C 8 T E U P B O J N E Y R
P D G K G E V G A B R K A 6 O B J A R Y 8 R 1 E
M L U 6 N R E N I R O K T T J N A N S O G U S T
W Y U 6 C G W N 8 K W B 6 C B I N D I G L S J S
S W N A H O G K H N K E 1 F V J D R H B S Y S A
Y 1 F R F E T F J O E P C W O A R O W A I C 1 M
O J W K D D B U C L R B E N B M O I L Y K E D O
S M O P Y W B T 8 K P Z T 6 6 O I D C D K R H U
E K V T I E N S H I N H A N G R D 1 1 K K M M N
P L N J 1 T G H B A R D O C K M 1 8 B C V Y 8 S
N B K U U N Y S N A Z E I R F K 6 M F E R C W K
E H J 1 R Z W S E L Z W B Y N Z O C G B L V H 6
I T W G O T L W Z K S S A A K T W E L O L N T G
L U E 8 L F U T U R E G O H A N T H 1 S E M K Z
V A I A 6 B J R F W W A G Y I A K 6 C 1 C C W A
```

Korin   Android 16   Goku Black   Future Gohan   Master Roshi

Lunch   Tien Shinhan   Kuririn   Gotenks   Goten   Broly

Majin Buu   Bardock   Shenron   Gogeta   Android 18   Frieza

Whis   Cell   Beerus   Bulma   Trunks   Gohan   Piccolo   Goku

Vegeta

PUZZLE #22

Dragon Ball Z (2)

```
G S H G K N R B H J L N 9 S L Y H T Z Z S K K 9
S I A Y E L Z C D D N S M R M Z U H 1 R Y I F T
Z 9 Z R F M L I 1 D T Y C R R H H Y P E B Z U B
I D I U P G H A P O Z O S C 9 N 9 T Y I S Y D I
D J I F P C T Y H P 1 A U 9 L U K R T I M O J O
M G D T I J 1 Y D C T B K Y S Y R D E O U A A A
Y N S H U F 9 N T A M U L J U N K N 9 L F R L G
U M C A O Z D L N S N A I M E I T N T M O F B T
L O R E C O O M E C S U Y E 1 G E D J D I O D D
N U R I D F Z Y E U Z C R M G N E U R L T I C I
Z G N Z K A G L I N M I 1 D B I H N U B S J E Z
S M O S F G I N R S F L U B I A L A O M T L F Y
Y P B A 1 P E A G N U R O P 9 T C K G G B R R O
S Y R G A 1 S J T C P U O 1 F P O Y P R Y A R O
I 9 A S G D A B U R A C D G 9 A L I A E D E N C
F B Z Y P H P 9 B C O I S A Y C E T P I G J O A
N A R E P 1 1 J L N O T A K F Z M Y T R E N R Y
N P C C H A O Z U R K M P U R G 1 Z O I E I R G
K U 9 A K D L I D U P M P P U P F T C Y R N A B
B A H K E K K N 1 O G Y A N J A C E S O Y M M U
1 R C D 1 E A 9 G 1 J S N 1 1 O O 9 I E G S E A
R I A K E M E R P U S B F T D M Y F 1 Z N G C F
N Y M Z I U R U G R E D L E D N A R G F G Y K R
N J C D F F U G C F T A M M E Y G N I K Z C L 1
```

Android 19   Celipa   Mr. Satan   Doctor Gero   Recoome

Marron   Dabura   Puar   Captain Ginyu   Kibit   Zarbon

Chi-Chi   Jeice   Chaozu   Yamcha   King Yemma

Grand Elder Guru   Tarble   Raditz   Cooler   Porunga   Caulifla

Nappa   Jiren   Supreme Kai

Yu Yu Hakusho 1

PUZZLE #23

```
E S H O K U S H I N J Z I D O S W B R Z W S U Y
Z G D G J 1 I T W A B R Z W G E G D S 1 N B E N
W S A I N N C I S U R A M E S H I Y U U S U K E
D W N I G Y Y A M U Z A K A R A B A W U K K N Z
M G N A 1 D O C M E U E U 1 H B C E G U U A Z K
B M G K A H Z I T T J H A 1 H I Y H E D N Z A N
K O K O U I E M Y S W A B Y K E T U H K A E U Y
J T U H Y N K R H M G D K U N K H B S I I M U R
T U Y R J A U M E S W E Y R K 1 U C C I U A D A
H B B G I E S W W I B I N M A S D R M M H R A N
O I Y O R T A E W H M A Z K G J B 1 A K J U H E
D A A U O M R I A A A H R I A W C Y U M N N T E
Y E K K I Y A K K R M I M J M I B R G T A N 1 C
N R K I H H W R I U E E G 1 A H O S D T Z K G S
Z A O R S T A S W M S I 1 C T M R C O G I 1 A M
R D W E O D D J Y A G T 1 B O Y Z B W K J D K D
S Y C J N W N H H T B U I M W H S T R M K I C T
D U B O I C O K J I 1 M O Y W D H O G J 1 O H H
R W H S M S G S K M Y T I B G J A Z N Z J Y I C
G U H K A 1 S T R G A J T W J Y N A S A D D I B
E I I J N N G U B R I U 1 D O W C B M W B M E E
W Y G C I S Z W O E A K M T K D M U S N B I N 1
N B U I M W M U A M A C O B D R D W J S E T K 1
I H C I U H S A K A N A T A H I T R K O E N M A
```

Genkai   Hatanaka, Shuichi   Enma   Kuromomotarou   Jin

Bui   Itsuki   Kokou   Hina   Kibano   M1   Gondawara, Sukezo

Gama   Mitamura   Gouki   Byakko   Miyuki   Minamino, Shiori

Hokushin   Kazemaru   Koenma   Urameshi, Yuusuke

Kuwabara, Kazuma   Kurama   Hiei   Botan

PUZZLE #24

Yu Yu Hakusho 2

```
C M I M H K G L B C I B K P J 2 W M I N R B T 2
E R L K Y J U A 2 Y H L M W G A E I R U R E M L
L H W O N W R N S R S I C 2 Y D P P U B O W U G
K Y I 2 R E O T O K O O U A S W J M J N A 2 O Y
A K I R E N J A I B Y S M P W P M M E E B K G U
M W P A A E I W C W I E W Y O U U O U G U P J B
I I B M J G U I E B K R R U R R K E O M M W P U
Y W T I M U E L M H I W A U A A C N O B O Y J C
A A H H W W U B A O A K G I R H N N M B U D H M
M M M S J U U R I O R U Y A B M K H U K U N O L
I O A I K C Y M D O A T S B O I S B S D N J I N
N T K R A G U P E I T U S S L R R H A S J E N L
O O I I H W O T N I I L 2 T C W M P S P Y T M S
R N N K E A T G E K M L S S A Y L A H L D P A C
U R T L E I I T L A Y B U T A J I R I 2 C H K U
G C A B S P A A D G C D 2 P M P G N G P R U I N
W R R T R T K E E I 2 O J K Y S M I U Y P B A T
P L O O H Y T J R H G M C C M W H A O Y L S C N
M D U O S B N R O C M G I C K T W T J O P D C E
A C I R 2 O A B G I H E L G B P O P U 2 T W B M
J H G J I O A L I R Y T I K Y S Y A K D B E Y G
P P Y N D R P M D D G A K H N T G C 2 M E C C A
S 2 B H D C R M Y O 2 A L U H T B A K K E N H C
U I N B K A R A M 2 K A S D C R D B N Y G O 2 L
```

Kirishima Iwamoto Gokumonki Ayame Captain Butajiri

Genbu Baldok Enki Dr. Ichigaki Kujou Karasu

Mitarai, Kiyoshi Juri Ice Maiden Elder Kirenja Kaitou, Yuu

Inmaki Musashi Kara Bakken Murugu M2 Koto

Kamiya, Minoru Makintarou

Rurouni Kenshin 1

PUZZLE #25

```
C W Y S G O S X S H I S H I O M A K O T O T N N
W J T B R C Ū R H I M Y Ō J I N Y A H I K O M U
I R P Ū K D P R T C R T K X C U A D N A A B T N
R T J Y N M K X J B E M I J A H Ō T I A S E A R
Ū H G A O C R X G A O D N U R A U S T A M A K A
O A S I M I H C A M I K A M C A D E U S K Y E A
Ō X B H I R U M A B R O T H E R S J R J G A D H
J T G T U R O A K A Y I M A K P M S B U Y Ū A Y
I I H Ō A C Ō Y X J Ū C I G P N I S E P T I K W
S J H P P K O W A E B O Y Ū Y B E S M P W S A D
U S R S P X A P N W A K O D C N Ū J P O K A N Y
R K E D O U Ō N Y K B N O R K N S C R N Ō G R T
U J R D K A W D I X O S D A M J E U E G A A Y B
G S Ō Ū A R I J Ō M Ū M K M Y I Ū P N A P R Ū G
I Ū D D U R D R N Ō E U A Y J B X S I T T A C T
R S C O Ō S M X O J M G C G B Ū X C J A E S G U
A M Ū H J B H O U M E B U K A G Y S Ō N K A D Ū
I A N S I H D O C T O G E M Y T U R D A Ō N C R
J Ū H M H G A J T X I N S B I X A Ō U W H O C P
Ū Ū Ū P S I Y O Y R I U I O D X R Y T Y T S D U
T U O Ū J H N Ū S B S S M H G I D O U R N U W T
A K W O O H E I S H I N Ō K S I D B T M A K U A
N C Ū S Ū I K P Ū U S E I T G C U X B A I E I I
H D Y D G Y M W N I H S N E K A R U M I H A S I
```

Sū-shin   Woo Heishin   Six Comrades   Juppongatana

Komagata Yumi   Shishio Makoto   Senkaku   Akamatsu Arundo

Isurugi Raijūta   Takeda Kanryū   Udō Jin-e   Hiruma Brothers

Makimachi Misao   Saitō Hajime   Shinomori Aoshi

Takani Megumi   Sagara Sanosuke   Myōjin Yahiko

Kamiya Kaoru   Himura Kenshin

PUZZLE #26

Rurouni Kenshin 2

```
J C N E E H Y U K I S H I R O T O M O E H G U F
K F C U E F Z E O N I W A B A N S H Ū K S H L O
E B T M K Z I G T Ō N Ū Z Ō Z W G M F Ū K Y U E
M E H O W D S F U Z H W U A Z A K F W Ō A Ō Ū Ō
F M Ū I J I E A M I H S I M M Ō N M O F U M K
C E D M Y A W A S Ō D U F Y U R S U F I T Ō Z U
F N U D I L I Ū D R T E S G U R N A Z S T A S B
E Ū B D R G Ō C S R E T C A R A H C R E H T O O
G T S U K I O K A T S U N A N Y I G T A E R U T
T E F Y L I M A F I N A D I H S A G I H G M B O
W A A S W D J B O J R T L R Y N Z U T C D A D S
O U N T U S C M R E J W I Ō L G A G I Ō Y T S H
S S A I A T J E Z Z U J W G I F R J E R R R M I
Y C A E J R M I S Ū N U Ū E M W Y T D Ū H I H M
U Ō E D U Ū A T I E N Ū D E A G R W E J G L L I
I U I D F B S H K A R K Ō Z F C R D L I Z Ū W C
N T B S E L O A I T T S M E I Y B Ū S E I K Y H
J T A O H Y R N N K H I G R A D Ū J D S I B U I
Y Y L R L U B J I R E A E Ū R N D D R O Y F O C
T W L Y M I S M H M Ō S F Z A E C G O K L A C D
A H N I T S U K A Y A M A Y U T A R Ō I M Y Y F
M U H E N Ō E S B D B Y S N C Y O Ō N H C A W Ū
J Ō E M A B U S T Ō J N A S H I B N H I T D U M
T C H I E F U R A M U R A O G U N I G E N S A I
```

Tani Jūsanrō   Oguni Gensai   Higashidani Family   Arai Family

Sagara Sōzō   Mishima Eiji   Tsukioka Tsunan   Himura Kenji

Ōkubo Toshimichi   Tsukayama Yutarō   Geezer   Oniwabanshū

Chief Uramura   Sanjō Tsubame   Sekihara Tae

Yukishiro Tomoe   Hiko Seijūrō   Other characters   Fudōsawa

Yaminobu

Death Note 1

PUZZLE #27

```
U I T A W A Z I A I H C I U H S M M B M A X J S
B Z Y R X M S U H M R B J V P C B J Y S Q T H C
P T E L U Z M F T T N U Y J D E D X B R S E M B
X J F J D Z I X V D E G G M Y D B H M E Y R A J
G X A H W K S R R R K O B O J G B Z W T U U V F
I G S T I I A E B D X O N O Z I J W G G N M U X
Y M J Q E O A W L A Q D R O S C O D C S U I X P
H L H E H K M W C T B V A O D U U L M N X K T V
S U W Z F W A T N I L U E S N A D S L J J A Z G
E U H M W B N O R N K B N D B M L V C E E M Q X
N U H I B R E T G X R E B N E P E Y A R M I N A
T G G Y V U H D F H U V D A R O S I M I M O A N
R P I T J D C Q Z L Y I M A G A Y T H G I L A K
S E D G A G I S O I C H I R O Y A G A M I W D B
A E N Y O R E I J I N A M I K A W A X S I D U Z
Y Z J D N M P L H C C S U P I Y D E W Y R X S G
U H I G I Z O O U L L A W L I E T T Y V A I T K
Y R L W C L D Z U S M I Z F X Z K T Q Z T F A G
A I J Q Q I E D N S O C U O H J T A B F A K M F
G O C E S R B L D A I T A R L A V M Z K W V A H
A A H Q W C Y D L Y K Y R W A U Z F K J J L T A
M C O I O T Q U V A S J C C Q M I I O R C Q U H
I R E M H A A O K A H M G B J C Q L P T M E O T
Z Y K C Y U E I M A G A Y O K I H C A S J T T S
```

Halle Lidner   Sachiko Yagami   Sidoh   Reiji Namikawa   Gelus

Beyond Birthday   Wedy   Kanzo Mogi   Shuichi Aizawa

Raye Penber   Sayu Yagami   Teru Mikami   Misa Amane   Matt

Naomi Misora   Rem   Mello   Soichiro Yagami   Near   Watari

Touta Matsuda   Ryuk   Light Yagami   L Lawliet

PUZZLE #28

Death Note 2

```
U O D I M O G N I H S S H A E I X L I R O N R B
M W H Q C B L H I R O K A Z U U K I T A O Q E X
I L B U K I I C H I R O O S O R E D A R B O Z A
O N A I N J U I T D P A K D W Q C N T O I D V T
I K Q I A T S F N D H Y F A U S I A Z M A D Z V
Y G N X M E Y F B L L S E B R G O D J U C L E G
K A O S U A R U M A T I K I H S O Y E R O K P Y
J L R L I M T L Z B A Y G E H R I S G M U I O U
N H B A L I N D L T A I L O R O H A B H B A O M
N M V V Y E S B M R U H K Z X G S N S G L X H I
D E I V M O Z C B Q J Y M U L E E T T U Y C D A
O D Y U U C S B M D G G F C V R K H E M V O I I
S U G U R U S H I M U R A Z N R A O P B B Y V Z
A W A G E M E D I H S O T I H U T N H K W V A A
T A N C P K X L D H D S M I Z V V Y E D U Y D W
G E D I I K E D I H A H S M I I L L N A N Q T A
L V P E V G K F U R S T V K V E G E L Z V Q N B
D O A I B E R K T F L U O T K O B S O U I F E E
H N K N I Q L D Q Z D L G R O E K T U M C U D B
H D E R I D O V E L Y G Z K I K R E D E O Y I D
U Z R J A D I K O K I H A S A M T R W M P W S T
Z S X D K G T I H S O Y Q W N W L Q F R D J E P
R G H O V I L R B X C X Q L E M X V G L A B R V
E P O U K N E L M R X W N O S Z Z U G U C G P M
```

Koreyoshi Kitamura   Arayoshi Hatori   President David Hoope

Masahiko Kida   Suguru Shimura   Kiichiro Osoreda

Roger Ruvie   Deridovely   Takeshi Ooi   Yoshi   Shingo Midou

Hitoshi Demegawa   Zellogi   Anthony Lester   Gook

Stephen Loud   Hideki Ide   Nori   Yumi Aizawa   Lind L. Tailor

Hirokazu Ukita   Aiber

Hajime no Ippo 1

PUZZLE #29

```
I I L U S A Y U S T A T A R U M I K R E F P N F
D T K R L B W D R R V K H W J S C V H U P U V U
B O P O N H H G A P K A V K S U P H A B S K R J
G U I M O V A B K T D E G O K C I F A C M F P I
L T B A P G Y X E E E F Y C G R Y U C N K D N W
J A G M P O A Y I N X Y H Q R L A J O G A A E A
P K S A I O M Z O A I C U A H R R I D S I T G R
U A U R I K I D Y M M D G U C U Z I T X K E C A
K A J U H I R I I R B K D A J H S M H Y S E C Y
M K U M C A Y W K A A K O E A I I I X R B I C O
C I Q A U E U P A A K N A B D B X N N E T J C S
X F D K O T U I W I B R U M A U I O O K E I G H
Z A G A N A I D A C I F L O O S Q R V E Q E X I
Z W N T U D C Z K R Z N L D Y G H U K W K O Y O
N A O R K H H I A A E I T G T Y A I H M W S Z P
Y K P K A Z I L W G R Y E N L K W W K M D G Q A
S I Q U M V W B I A F H W Q B O J L A E P N M V
R A T P V A N A M M R K C T G A U I F G N Z S L
H I R A N O K A Z U H I K O U S D U R U E T E Z
X I U B I E R G F H Z R P L H M Q X I O U N A E
K D K L M U O P M M I M M T A T L E H D M Y J O
Q C U I M E C D V J U L A S N R Z R T Q D O B I
Z D N I A W I Z B X S Z M A B Z D Z K H U A K I
T B I B U R A S A M I K O A H Z R L O K Y U Q X
```

Komori   Kobashi, Kenta   Iwakawa, Kiyoie   Itou, Takaaki

Iimura, Mari   Hirano, Kazuhiko   Hayami, Ryuuichi   Hade

Hachinoe   Garcia, Arman   Fujiwara, Yoshio   Fujii, Minoru

Date, Aiko   Date, Yuuji   Date, Eiji   Chana   Akemi   Aikawa

Takamura, Mamoru   Makunouchi, Ippo   Kimura, Tatsuya

Kamogawa, Genji   Aoki, Masaru

PUZZLE #30

Hajime no Ippo 2

```
E D M W O Q T N Q J L O U R I P N O H C I L O P
Y M A P Q I R L V N K H E S J F F Z J F B K Y I
H A R E A Y A O G V U A O P H J T F Y J J P M N
S K T M W K M Z S A F M A S H I B A K U M I R A
V U I I U R U U R D D H S P X A M X H Z A H V H
Z N N K J B D K H A B I N E O D A Y U S U K E N
G O E A X E A A U O R I H C I A T A Y I M I Q X
Q U Z M U M R N T W S Q W Y N L A S X E M I G J
Q C R I U W U E J G O Z U M A J A S O N B T A N
T H I R J Q S F Y H R W A K A T K R J X F N R Q
B I C E R T L U B R Q M Q H X Z R Y E M V M I U
Z H A I O H A M U D E T A C A H A J O I M E K M
R I R K X N N A K B O T B T U J C Y J B K M A N
L R D O U L Z J G N O W T M S O Q U V J J O A U
A O O A I J G B E V T Y A A S U D C E Z X J T O
L K A F V N H Z U G A D A J B I D A Y Y O E E G
P O C F S K V Y A E H J Z L Z I M A N X F T G B
N F S L K M I K A M I F X K V M K J F B B Z I F
T O W J P A U D E I R U N S A K U E Y L T C H M
I F H B B K B Z X W O S U C L S J H L R O R S T
O K I T A K E I G O Y M E G U M I V E E E V S E
O Y R A B I H S A M U S N I W O V H V G L L U F
Z Q V U V S N G Q D K H N J U G S Z B H P S O N
S D A O J K N U R D I K C D I U Q M R K T A F F
```

Eleki Battery   Shigeta, Akira   Reiko   Ramuda, Ruslan

Paudei, Runsaku   Ozuma, Jason   Ozuka, Nefuma

Oota, Hiroyuki   Okita, Keigo   Oda, Yusuke   Miyata, Ichirou

Mikami, Reiko   Mikami   Megumi   Matsuda   Mashiba, Ryo

Mashiba, Kumi   Martinez, Ricardo   Makunouchi, Hiroko

Li, Chonpiru

Slam Dunk 1

```
Z N Y C I I K A M I H C I N I H S J L L F E O I
A B K H A N A M I C H I S A K U R A G I M O X P
V D W H O C C Q W W S B D R E L L U Y X B D U I
G U U D L M S W L K Z U R T F Z P K M W C Y B H
N A B S J Y E T K U C T M A B X E X U D W M A S
F F O D A O Y N K E N J I F U J I M A L A P W O
Y A H Q D Y O X V I Y I C N M F O B D V U D N Y
G Z O A A N U U E D R U J B E N X B Z U E D T U
L D D D F T Z R X L Q Y C O O U T D E D P I V S
E X N V B R G N A T Z U O B R L R I P A R P O T
A Y E L Z X C E O H T S U T M I I Q Y R E L V I
K I S E Y M T R Y K U N P G A F H L Z Y A M A M
A U A U P R T U N L A S L C L M A C L O I O N I
E S R I R P J G Z G W Y A B I R I B I T A A S A
D T I N K Q G O A V G O A Y Q L S Y O O M V T Z
E I K X B Q M K P I I Z U Q Q W J Y A D S O T N
R M A V Z Q I U E O N R B H H E O G J G E V T A
U I R L Q Y N B T F B P Z W S U V X M J I H R C
K H J R O H P O H X R H Y N H G S Y Y L S V E T
A S R T Y H J N Z R W F W E C F Q L N D T B T D
W A A D F K R I T O K O I P A E Y C V J H Z O C
A S S D H I Y M G T X P J G T V R D G R C Q O U
D I G U F M K I G A K A I R O N E K A T I D Z G
C H G J L E S K U M R M V W Q R G W R L O F H I
```

Nobunaga Kiyota   Yasuharu Yasuda   Kiminobu Kogure

Soichiro Jin   Shinichi Maki   Ayako   Kenji Fujima

Takenori Akagi   Anzai Mitsuyoshi   Ryota Miyagi   Mito Youhei

Akira Sendoh   Hisashi Mitsui   Kaede Rukawa

Hanamichi Sakuragi

PUZZLE #31

PUZZLE #32

Slam Dunk 2

```
Z F R Z N X S J A S M F C T U Z R H Y A G K E N
O A U F P G Z H O E G B C O F I M S H W K U B L
G O Y K U B R S M O I C H I T A O K A A S H K E
H K A Z U M A T A K A S A G O K U G R G P X F V
F H I R O A K I K O S H I N O N P F U E R Q O A
H O G R O V A B U L O E N I P T C F K S R R D T
A Y I M A K A T I M O Z O N H L P L O A L D I A
C D B P Q P Q X K A R V C T W T L J A H P Q C G
O V N Y J G M A Y A D X R N O E F Z K I E M J A
P I Y D C M M C K U R U H A A T U I A H R A L N
H R W G L R S P W W C I K O L S N T G S L Y E A
B I D A C C Y J Y G K A K U N U B Z I U J R I H
X E X A Z L Q Z D O D C P I F O H A J Z X J J U
Z B P S T F R R I I S F S N T U S C G A H B C R
U C Q I J N X C A E J D Y T Q A O F Q K O J W O
P A N R F R H I Y W P N A U J I K H S O T W J T
N M B Z Q I O L X J C Y E L R S Q A C B E W C L
U S E K A Y R G B E I K K Y R S R Z T C A I O D
E W K I A X Q H E T N Y T S Z H X R H O I S N U
M O D Y V H T A T O A O K I H U S T A T C K B H
K A D I M U Z O U N U J L Z H B P T Z E F P N J
B I I S J H O F J Y P D O F Q Q R B G P K C S A
N M X I M A G E K I I J O Y R D B C O Q B E H D
B H J H E Y Y O S H I N O R I M I Y A M A S U B
```

Kazuma Takasago   Yoshinori Miyamasu   Riki Takato

Yayoi Aida   Kazushi Hasegawa   Tetsuo   Hiroaki Koshino

Ryoji Ikegami   Moichi Taoka   Jun Uozumi   Kicchou Fukuda

Hikoichi Aida   Toru Hanagata   Nozomi Takamiya

Tatsuhiko Aota   Haruko Akagi

Bleach

PUZZLE #33

```
D W C L M Y B W Y A C H I R U K U S A J I S H I
A H O E J Y A M M Y U N O D A S A R O T U S A Y
M J W O D O R U K P J G Z W K U H Y D G V F J O
N O F I O S C R T I K I H C U K A Y U K A Y B X
I K A G U R A S I R O Y I H W Y K P Y F V Z Y X
I W C A R A H A R U E K U S I K G N P W R L U K
B Q W E B A W A G E S A Y A A K I H C I M U Y B
R Y O T O M U S T A M U K I G N A R V A E H B S
F N N R V I T B H N E S O N I H C I I K A M O M
V C I C H I G O K U R O S A K I X Y Y N Q R A N
M Q X G R I M M J O W J A G G E R J A C K K H B
A M U R U G U M I E S N E K O B N J U Q O P I H
M H A V I R A M A R E D D E R R H H Z T D B U A
L N W S A J I N K O M A M U R A K D O R R M D F
M R W X A X M X Y Y X W H X U Q Z K G S C I Y O
O K E N P A C H I Z A R A K I B I D Y E H L Q H
A N U K O R I H S A M J K Z G B Z P M S A Q B J
C O R I H I M E I N O U E L U W N K I J P R T E
E G G V J I B J Z T U S E N N V G U O M E V Y U
U F N Y I E A B Y T W D E M F P Y Z R J J J L S
O Q B R Z S Q U I H C U S T O R U K I R U Y A M
J E K F B U C D D H C L G M U R O P L W N W S G
W V D R D Y K I H S I B A K U S T I A S S E T A
D A E P O R N I U O H I H S I H C I U R O Y X L
```

Sajin Komamura   Kenpachi Zaraki   Byakuya Kuchiki

Mayuri Kurotsuchi   Yoruichi Shihouin   Mashiro Kuna

Makoto Kibune   Grimmjow Jaggerjack   Yumichika Ayasegawa

Hiyori Sarugaki   Yammy   Ryusei   Rangiku Matsumoto

Uryu Ishida   Tessai Tsukabishi   Maki Ichinose   Soifon

Kensei Muguruma   Yachiru Kusajishi   Kisuke Urahara

Avirama Redder   Ichigo Kurosaki   Kurodo   Yasutora Sado

Orihime Inoue

PUZZLE #34

Pokemon Names 1

```
L Z Z T G A Y U G O N T A M F G Q C F V S K T F
G D R E S N E U A M O W E V B M G S N Y Q Q T P
M F T T F U G K J W W O R A E P S Q N U P J Q R
O T W E K K D R O H C J M D Q J W E F A E W W C
L M J M H A I I L B B Q E Z Y S W P U J K R V H
E T G T G K P P T Y R C H I O J R M H T N E Q A
D F S B Y M P M Q R H A P Y G D S Z C C W T O R
F G P U H C I A R L K N D G W R Y D A Z W L O M
H S Q E S I O T S A L B H A E A S U K P O A Z A
U M H E F M E T A P O D G L E Z D Y I K R Z I N
V F F P D X L U W M O Z T A D I A G P O A T Z D
R Y B H U O R M Q Z E R S O L R E O V A E A P E
L L I R D E E B J J O Q X T E A R T N A F G E R
N R R A T T A T A T U P Z F F H U T D G D B H D
G R H J S B J Y R I C I H K I C A O V U O E E S
R F I B S O I A R H U L W Q P U S E B N J R H P
T G D X N E W T A R B H M I G E Y G Z Z E U G Z
P P X I M T L R U A S U N E V C V D U E Y A C W
X I Y X F E M I V T Q O F N O R I I H A X S J H
N W D J I E K R I I S N G Z D K Y P W I H A Z B
Y N J G L X I F S C G G L W U U G I T U S B W O
F P X E E P C K E A E E R F R E T T U B J L N T
V L O G Y O S O G T W X L D H I K H P W T U U U
R N N M Q I T X H E B R E Y G N C F L N K B J E
```

Raichu   Pikachu   Arbok   Ekans   Fearow   Spearow

Raticate   Rattata   Pidgeot   Pidgeotto   Pidgey   Beedrill

Kakuna   Weedle   Butterfree   Metapod   Blastoise   Wartortle

Squirtle   Charizard   Charmeleon   Charmander   Venusaur

Ivysaur   Bulbasaur

PUZZLE #35

Pokemon Names 2

```
V G G F R Q G S S H F V Y A D I G V N X I V C S
O Q E G I C F M T I L Z R C T I O N N E E S L R
H B X X A N Y A H W K Z G G Y L L H L E R V Y S
H B P H Y C R B T C T S H B U E B D H N W F M A
X X Y F S W T U S F M O O L G J A A A C I J L N
M X X S I I X C Y Q H N G X O L T I A K G O Z D
G Y T L G E D E Q R N D J P I C S T P X G G P S
A L O B O F G D R G I J X U D R T P A D L E A L
U P Q J W X H Z O Z W W E D E E G O B O Y F R A
R P Z L S I H T W O E M D P L A O L G I T F A S
E H T I L W O R G R H X W G W K Z I G R U U S H
U L S W S H M Z H C K K I I L U G W M T F P K L
F B D M L L E S I J G D L I B N Y H J G F Y C N
N E Y B R J D F J Q H O I A F R Z I J U B L U Q
E D Z V D N K W Y G P A T E W X E R N D Q G D I
E W P W A G A N I P N J Z I O F A L X E I G Y P
U E S S W S U X E L B A F E L C A P E F R I S X
Q F G W Y R I A F E L C G O J Y X S N R V J P I
O N D S E L A T E N I N A N I R O D I N W Q P X
D O N Z E E Z A V U L P I X E J B B N L J R U K
I K L T D Q C Z L Y R G J A Q I Y P A L U T P P
N J I U M P C M G Z I N Q E O F Y P C J C J I I
B M A B E B N P M I R S K O V C C D R H I N K C
A S R N Q S G P P U X H Q U E C T Q A I X G J D
```

Poliwrath   Poliwhirl   Poliwag   Arcanine   Growlithe   Psyduck

Persian   Meowth   Dugtrio   Diglett   Paras   Gloom   Oddish

Golbat   Zubat   Wigglytuff   Jigglypuff   Ninetales   Vulpix

Clefable   Clefairy   Nidoqueen   Nidorina   Sandslash

Sandshrew

PUZZLE #36

Pokemon Names 3

```
H X F C E O W V J S K P V G L I W L Z Z X R E A
E Z O Q D D W D W O M I C W B E L L S P R O U T
I K H V U I X T J A C D E R E T S Y O L C H Q B
O J P I D H T V H T O E N R S O T Y U I A X I E
L U Y V O H R C R D P P J N X B E W H U J G E S
E Q N K E A A E U I Z D Y U K K K A N B U T W Q
E P D Q G M E O N O Y M A G O N B T W L U T W F
S R O K V B O B I Y A A K P O E E I X P C R X Q
F B D L E I E S W G L A W T Y R A U R V P B M E
T J R L V L W H N K F O E J L E U R C A T N E T
D N I P L W P E F M L N T N T X W Q O W N M Y T
H K O N K T M L Z S G P Y B S D U I T F P A T I
X E W I X I E L N A S O Y S A X E L R T Q C O H
G K V C T X V D M X W G K B G S A W H H C H Q X
L W E E G E Z E R X N R R X L Y C V G N P O T H
G R A V E L E R K N E K G A Q O J E L O S K M T
O R B W O L S P C M N W B O P C O D J B N E L A
Y C K J R K H I I W A R B A S I S C L G F G T Y
S O P F Q H D R Q T X M R K U J D L A E B Y N C
S M C Y X H G K A D A B R A M L X A R T N I Y H
N R B J R V E M A C H O P U T F F V S O N K L A
T K A D F H O G K J K U K A W Z D Y P H L E G F
B F A R F E T C H D B X V M Y O G T X M B E T G
D S E W E X V L U Q S U M S P R L K J N W J Z T
```

Haunter   Gastly   Cloyster   Shellder   Muk   Grimer

Dewgong   Seel   Dodrio   Doduo   Farfetch'd   Magneton

Magnemite   Slowbro   Slowpoke   Rapidash   Ponyta

Graveler   Geodude   Tentacruel   Tentacool   Victreebel

Bellsprout   Weepinbell   Machamp   Machoke   Machop

Kadabra   Abra

Gundam Wing

PUZZLE #37

```
R P D M W O P E A C E C R A F T R E L E N A X D
H O D W I N N E R Q U A T R E R A B E R B A J I
O S P J L K J U Y D A L E N U M X C E Z P W S T
M A R Q U I S E Z E C H S N Q P L T O Q C C M U
F L P L M R Y R F B C Y E B G A A Y P Y U Z E G
V L D Y Z E M U I H B L A D R S Z A T H X A T E
F Y R Z B T W N Y G Q G V K D B S U Y R R H P T
G Q Y O T N I O H H M F T K Q K W D J G A W E O
S R V X I I Z Y P M E R G S E X R B T U G Y S W
T N E D D W E U U N A E C M G A A J C A A I F N
T W W K A G T U J N U M R V W G S F R O E E D S
X K L G L M I R T U A G X O O W M R J G O F I E
W V P S I A H V E X R H H W G P D O G G D U T N
A C H X A O W K W S R E X M A R T I C U S W W D
U Q X Z M P B E A P I Y A C J C M J P D L G I C
D Z K M Y V L U Q L R A O G I A D L E G E N N O
A H X K I L V J X T S I M T Z D V J X B L A R U
Q T F S D F F H F C L A R E N C E P C O J H E N
A Q Z U L F H E I N C I R I F S S C N E L C Q T
B L O H C I N T L T V P P F D H E A X D V A Y H
D E D L I H R E K I E W H C S R N Q U I N Z E D
U Q G T B A R T O N T R O W A G H N C L U M W G
L D E E Y A Z R E N N I W K B G I I Q G J G E O
U K H U S H R E N A D A T R E I Z E U U M Z S J
```

Clark, Trant   Rex, Marticus   Septem   Walker   Po, Sally

Maiser   Auda   Gwinter   Schweiker, Hilde   Abdul   Howard

Winner, Zayeed   Lt. Nichol   Quinze   Une, Lady

Townsend, Count   Onnegel, Daigo   Clarence   Akhmad

Khushrenada, Treize   Yuy, Heero   Winner, Quatre Raberba

Peacecraft, Relena   Maxwell, Duo   Marquise, Zechs

Chang, Wufei   Barton, Trowa

PUZZLE #38

Trigun

```
O D S A L O H C I N D O O W F L O W J U L I U S
E T H E C Y C L O P S D O M I N I Q U E Q M A T
G R H N B L V D J J Z O S N N S H Y O N U C M M
M M T H E G A L E M O N E V L B C B N U I W L T
F C R T H E E V E R G R E E N C H A P E L V K S
V X T M W N G L I N E B R A S K A G O F S E F E
B B Z H R W I V W V I U O M P D O V H C F J A D
R U O Z E I F W G P L I G H T U R E S O O L A E
A V V W K B C M A R Y E X H Y N Q X G L U T D P
D N X H N H E H B S K Q S A E N S K E R D H N M
F F I W Y Z D A I C R O G X K O R L D M U O Y A
S U I L P Y W E S E E B K L O W I P K Z T M L T
E V U P D L Q K S T V N A W M I G W G F M P I S
S S P N F P P X U C Z J V R V D F I Z O Q S R E
F Y A I S E U L W T A A Z I K U Y N P O E O A H
K S L H E Z F Y B A N R Z O K E E F M V C N M T
U A J Y Q S A L G T E S T I X G E Y A R R M A H
R S T R Y F E M E R Y L O E E E O P H M W I K S
O S Y E C T B V X G Q B A J S X B X E N M L S A
N Y D R K M I L L I O N S K N I V E S R G L A V
E N M G C Q D O A P W S T N A G R O M K Y Y R P
K X F O H H Y D V P V K N A R F N O L R A M B R
O C G H S A H I E D I A R E D A L B E H T O E H
S D A U R A C A Y Z E N M A R I A N N E G G N N
```

the Beast, Zazie   Mary   Brad   Marlon, Frank   Barkeeper

Lina   the Cyclops, Dominique   Nebraska, Gofsef

the Blade, Rai-Dei   Millions, Knives   Kuroneko

the Evergreen, Chapel   Sandy   Julius   the Gale, Monev

Morgan   Descartes   Aura Cayzen, Marianne

Nebraska, Marilyn   Loose Ruth   Richie   Wolfwood, Nicholas D.

Vash the Stampede   Thompson, Milly   Stryfe, Meryl

Shaman King 1

PUZZLE #39

```
F L Y I H Z K S D A A K N Q P N W I H O S G L U
Q M L H A T N A M A D A M A Y O Y S E L X O I A
D E L N J E E W A D L I T A M E S S I T A M L B
H B I P T Z H R G B W H L D V C I H J Y O Z I M
A U B Z L W G W F Y V Y Y Q T N Z W I A H L R N
N M N O M F M A X O N P K M A L D S H E T A A M
G E O N V S N K S K M W S I B M Y A B L V P R M
Z M S I B R A N I A K B H I F I R H I A A P A C
A I R P A X A V A B K O C Z A U K A Z S C F L K
N Y E M N U V D M H N U J C K X K K R S D O E D
G A D A N B W K I E O M R A A H U X Y O H R F U
C R N H A J B X R M D J S A X X R S X L B O U L
H Y A A A S E O N H W A I Q K F P Z S U Z R S S
I U R R M Z A W E O U P R I L I L Y C C X O X R
N N F G A T Z H A P Y O U O I Z N Q Q H G K L D
G O I V Y P S Q A I S I Y Z W V O O V I Q Y U L
P S U R U Z M Q S D A H N A N L T A O S R O R R
W U G S O X Q I B G L M A W R L O S D T H N A X
R K S U Y R P R L U A I K R F U B C U P A E M X
V E K N K M C B F L Z Z H D O J K O S A O D A V
P O T U A R W C P T I T I L U N N A U G F A D L
J C Z T X Q H X C D Y E J L R A A B S S T Z I U
J Y M I B W V G I X Z N Z V E Q Z G U A E E M A
D E N B A T J O H N E F U U R B Q Q R T K N A Q
```

Graham, Pino   Matisse, Matilda   Eliza   Hang, Zang-Ching

Radim   Millie   Asakura, Kino   Denbat, John   Anise

Faust VIII, Johann   Umemiya, Ryunosuke   Lilirara   Hilda

Sharona   Lily   Lasso, Luchist   Yoneda, Zen   Anderson, Billy

Kororo   Tao, Ren   Oyamada, Manta   Kyouyama, Anna

Asakura, Hao   Asakura, You   Amidamaru

PUZZLE #40

Shaman King 2

```
T N X B Q W E F P M Q T Q M F X H Q L F I A G U
L L I B N O T R U B A I R A V A U B Q P Z Y U O
N M Y A N M O Q J O E E E K X P S R D E E K V Y
S A I V Y N L P C D F M L E L O U Q V P P O N R
I O S W T X C H A U L U S E H R I M V M G I C O
L A E A U S I N I X L O Y L K B P E S A Z C Q T
V D L Y X N F L Y I E Y R G V O I Y U I L M H O
A M K R G F I T P R N A H N S H R E I L H O A M
I O M O X D P H M C O R C O P C I R H L E N N I
R R W Z L C N D C U D U H L L A K B C E G T N G
O H R K X M M X M Q C K N I E P A L N H S G A U
N C H I R G G T F C M A A A C O Q O O T W O K S
M I O R F C H V K B E S V P V M O C C E M M H C
A N C A N U Z B J I V A Q F G I R K Z I Z E C X
I O K G B K T O H C O I K K K L J E C D T R R C
D A Y A R A O C W W L T E F B A S N C Z O Y A Z
E Y A G O C N R J B O G J G P K F T Z H F M M V
N E G R N O H A F A C L M O R P H I N E A E S Q
J J A B P Z R M O F O O X G P B V E L O O E I E
E N I O S Z E O T J H N S X Y W C J L Q W N B B
A B V I C T T S H T C J I H P K Z N J O P E E N
N T L T O U J S B Z N O I R A M A N U A H P E N
N K F V F L Q A S A S A K U R A M I K I H I S A
E A V L P X V L I O S D T O K A G E R O B O P P
```

Lasso, Marco   Chocolove McDonell   Asakura, Youmei

Iron Maiden Jeanne   Tao, Ran   Usui, Pirika

Montgomery, Meene   Silva   Meyer, Blocken   Sugimoto, Ryou

Bismarch, Kanna   Conchi   Asakura, Mikihisa   Opacho

Burton, Bill   Mic   Ponchi   Tokagero   Phauna, Marion

Pailong, Lee   Nichrom   Kalim   Tao, Ching   Chrysler

Gagarik, Zorya   Diethel, Liam   Morphine

My Hero Academia 1

PUZZLE #41

```
O U A K A R A R U O C A H C O Q W J Z C K D X A
E G L K A T S U K I B A K U G O D I N K O Q E G
A R X X B B R C M K U F U M C X A O A Y U M M R
F A S L N S B F J T R E N Y E O B O T I V V C K
Q N O O G L N C S W K P B V N I I Y A Q W J W K
E T V I K I J A M A I K A M A T H F G Z Y P M I
I O K I M I H A G O T A I U F D B A O L H M P O
J R Z K Y O K A J I R O L C E D R E T C J N S G
I I Z N U L O H T K M M O Y N W V S O S I P T I
R N W O A Y I R O D I M O K N I V E I P U Z K Y
O O A I A F J B P T U Z F S L F A F R M W M O Y
K R O D N E K A K U S T I X G D J N I C Q F E U
I J L S A M O M O Y A O Y O R O Z U M W P L E U
R X G M U S T E T U S T E T U S T E T U S T E T
I R A N I M A K I K N E D O V P B P N L T U S A
S I K X F U M I K A G E T O K O Y A M I V I L A
H V J B B M O D I H S A A N I M W X W S U L D P
I A R T C M O Z H M C S C E G K L Q E S M I C M
M C Q B M A D Q L Z Y B A C S N P C A I I U A S
A I Z U K U M I D O R I Y A C S W U G A F W P R
J K E R A S E R H E A D O C R J Y H Y L N I V F
I K O R O D O T O T O H S I H U T N R W Y I C W
N H R I M N X N H D N Z D H S L E G O Q U I R E
H I T O S H I S H I N S O T Q T G K Z X J U R Z
```

Tetsutetsu Tetsutetsu   Inko Midoriya   Itsuka Kendo

Mei Hatsume   Tamaki Amajiki   Gran Torino   Mina Ashido

Toga Himiko   Eri   Mirio Togata   Tenya Iida   Hitoshi Shinso

Dabi   Ochaco Uraraka   Kyoka Jiro   Momo Yaoyorozu

Denki Kaminari   Tsuyu Asui   Fumikage Tokoyami

Katsuki Bakugo   All Might   Eijiro Kirishima   Izuku Midoriya

Eraserhead   Shoto Todoroki

PUZZLE #42

My Hero Academia 2

```
U O M D E X I J K T N K R P Y N S U D G N F A L
Z Z Q P D F K H S B E B O D Q M R T Q Y Z U F I
M D V N L E A U V H R N A N S L K Q A I S Y N H
W I B I E H R Z P R T L S H K V I P V I D U O M
C U E L I P A E H E T I M E J L M G R K N M R E
W D B V H R G N T M E A X O I F P N Y O Y I I Z
L T O F S W I L S S B E B J I I I X T R D T J O
K X S Z A X H A I L N X W U E G I G D O B O O S
V B G J S E S P N U P O J K H Q H D X D A D O H
H C D X S G A I A A A E A T W N Q E A O B O A O
I J E U I G R C E H Y S E Q Q O W Z K T N R R J
K K G M L G U N J R F Y D N Y T O P A I T O I I
A A U L E V M I T E E D A E K O B C K E R K H A
Z P N T M N O R S V S D F R V I J C U R R I S D
O R H H V F T P E O R E C O V E R Y G I R L A O
I E E G P D D O B D F B O D A H E R I J E N M K
H S A I Y M B N S W I K O R O D O T A Y O T N I
S E D N K G T O C S A M H B Q T E Q A U D F K J
A N R D L K R V T J Z K Q K V M V Z K K X R G O
R T R I R N J S X E P V X U O J D M L M C Z H K
A M P M R G P C V S K D R N K T I P N Q X J W I
B I D E P T H I R T E E N O D A Z X T V S I L
I C A E R U K A G A H U R O T O R E S A T N A H
X A O X T I R I G O R U K D X W Y H G S Z U J T
```

Melissa Shield   Kota   Sir Nighteye   Overhaul   Rei Todoroki

Mezo Shoji   Toya Todoroki   Best Jeanist   Hanta Sero

Toru Hagakure   Mashirao Ojiro   Ibara Shiozaki   Cementoss

Gunhead   Mt. Lady   Fuyumi Todoroki   Kurogiri   Koji Koda

Thirteen   Tensei Iida   Nejire Hado   Tomura Shigaraki

Midnight   Recovery Girl   Stain   Present Mic   Principal Nezu

Great Teacher Onizuka 1

PUZZLE #43

```
G U G V C U N I Z U M I N A O K O L C Y M Q I S
D A M I H S U Z I M W O P J S R V D F A M O V M
L F I U D R A F T R O W D G L H Y K T G B H H Y
I U T F L F B K O T C J N E M X C K Z Q O B P O
D K X U F G S Z A M N B F H B U A X U S S P B S
A U Z Y G L L T F U J E I K C N G F H G J S M H
I R O U O X O E Q E L D T L Z E I I N E R D B I
Z O K T S O C C F J E I T A A L N D S T R I S K
A D U S R K N Y U O H G K H O O X R U W W B R A
W A Y U F G F H J Y F I M R M L U I H X L Y X W
A H A K Z I S H A H U E T E I N H J R V Q R Z A
M A M I I J X U D R N L G Q G G O X L T S J F N
I J O A H U P U U Z T U A R A G A S S I M C O
Y I N Z S U G M F Y M W J T P L X B R G E W A B
A M A U A Y I W D I O I N U K I A R U M L R H O
B E S S K R I K A G A T I A T I H S O N I K Y R
I S A A A A I H S O R I H A D A M A Y I H C U U
A C W U T M Z J B M Q N N A K I M T W C H D A K
B D P E A N R N F U J I Y O S H I K O U J I B L
E Z S L N A G Z K I K U C H I Y O S H I T O F F
L R K C E D O K O M O T A R U M O N U M S M Y L
D N Q H D D S O N I Z U K A E I K I C H I R D D
X Z C C A I K Q T P O Y A S A M A W A Z I A B P
V V B R K F I H S O R I H I N A T A H C O K B X
```

Mizushima   Miss Sagara   Hoshino, Megumi   Kinoshita, Itagaki

Kadena, Takashi   Fujiyoshi, Kouji   Danma, Ryuuji

Fukuroda, Hajime   Aizawa, Masayo   Nurse   Oota, Tooru

Asano, Mayuko   Izumi, Naoko   Kochatani, Hiroshi   Hideo

Mikan   Yoshikawa, Noboru   Uchiyamada, Hiroshi

Onizuka, Eikichi   Nomura, Tomoko   Murai, Kunio

Kikuchi, Yoshito   Kanzaki, Urumi   Fuyutsuki, Azusa

Aizawa, Miyabi

PUZZLE #44

Great Teacher Onizuka 2

```
C Z M D R N E D U Y V A F W M W Y J X G H M I A
P H N A G A S E N A G I S A N N B C K I I X I G
A W F U T O G A K I A L B Y K R O X R M F G I X
D K Y Q U F G A H A K U S O N K Q A U E I K J E
I N Y N O X R U O P O J X R V O M Y W M P R I E
H O N B Z H N F D V I I P G N A U D O U P K O S
S G K V K J A V E C M A K N T F Y T I J A G O O
A U Z I G U P S R X A R J S A I I I M Z F B T R
P Y D G N H S R H T K U U W A H X J A C O T A A
N K H D C O I A V I U M A Z I T C Y W H R Y C A
Z X W Z C L S C N K M K J K A A I H B M A A H K
Z D S U R F E H Y O A O A O R M I Q G R T S I A
H I X U I B Y H I R T Z T F N K A E S B O H Z D
N F U K I S E N I M I A P O I J T D B M K Y U E
E W E S H L X J T K A E D Y K M Y T L Y A J R N
J G A S I Q U V T P I I K A O O E A C A W W U A
Z W R T S K A V B G W E C P A V F D P H A T G N
A R U K I B A Y A S H I V H H K O E I J Z S M A
C C X G W C W I K A Z I K N I X I B E H I P B O
V Z Y G W K X G I M U G E M A R U K A S A H Z B
M O M O I B S V A C O D K E I Q O Z N E O T N H
Z R Q F U J I M O R I P I I J I M A S A E K O K
H W Y I H C I U O K I H S A R A G I M M L P L O
M V T O O H S A W A H I D E R O M V B X C P I G
```

Futogaki   Okinoshima, Ichiro   Oota, Hidemi   Kibayashi

Ohsawa, Hidero   Aizawa, Kotaro   Fujimori   Kizaki, Hitomi

Murai, Julia   Ashida   Ohashi, Motoko   Ebisawa   Hiramatsu

Momoi   Igarashi, Kouichi   Kizaki   Miyazaki   Kusano, Tadaaki

Kadena, Nao   Nagase, Nagisa   Kujirakawa, Fuyumi

Asakura, Megumi   Oota, Chizuru   Kamioka   Iijima, Saeko

One-punch Man

PUZZLE #45

```
Q E X S K L Q X X L A L G T V O K R D N P Z I J
Q B O T J Q N D E Q K O F Q G Y I E G R P S J L
H S W A M G Z Q S M K R H V P C Y Q O E H E V S
G W Z G W J B N V Q G D O C O V J V J N N G Z F
Q E T Z T E P N M M M B U Q D K A J L O T M A E
F E K H T R L M A S S O L F X B P N T S N R I G
O T E C G J Y U A N X R D B Q F N P A I E Z K I
J M D F M I Q V D N W O B S T B A O X R M O U N
K A M D M M N B Q E X S A U P X M O W P T P B O
X S S X R S C K L S O L N O U E E H G I Y C U T
I K V L J A U G L X A N G V M L N S Y R H U F D
T C O U Q I G N Y A T C N Q W R I N L U M H C E
K A S A J F M R E W T P Y Q J I C A L P T L M E
Q F B C W G I W A G B E S H G G C G I I I S U P
W L F L N C K K S Z R R M W L O A U K R F A M S
O T D M A Q G Y A N L D Q M D T V Y N U T I E E
W T Y M D T Y B U M X E H A X I M R I P G T N A
I G E N O S E U E D U T M T X U H E P I U A R K
W S D Y D R O M B U K S V G L Q X G Z X F M I I
I S Q X X Q E U K J A J T B Z S D Y E D V A D N
J I A R U M A S C I M O T A N O C F K L Y A E G
V S P E E D S O N I C O K C T M R T N R D K R E
J E R D H M C R E F E B R B R D A D W A Z H Z E
U O R A G N U U X E K C X Y G Z F H M A B H Y H
```

Melzargard   Vaccine Man   Mosquito Girl   Metal Knight

Deep Sea King   Geryuganshoop   Sweet Mask   Dr. Genus

Puri Puri Prisoner   Atomic Samurai   Fubuki   Lord Boros

Tatsumaki   Speed Sonic   Metal Bat   Mumen Rider   Bang

Garou   Genos   Saitama

PUZZLE #46

Case Closed 1

```
I M G O H C R A K E M I M I Y A N O W J P H K S
V I B D D U F F A Z A E H F T S W Q P T F D W F
B L B C E U W F P H A N T O M T H I E F K I D Y
D D P L G T K Y M H T Z E G A T V Y R X X G M R
A W A G O D E N A N O C G A C R F H E A V A I G
B J W R V A H C A Q K S P T Y O E B D J A O Q N
D V Z L U Y A A T I A F V O H R L S L G F N O A
W N J P F Q U R P I V W W K K I C T I F L K I Z
J O L Q D P O B U Z V I X G I C B E W M P X B S
O R O X L I D U C I C E V I E H K Z Y A U O G X
S P J N D G N H X Q Q M S O G A J S R G Q S U K
E U K R J S O X T I R M Y A R R B L R C B F A A
P L I A X H H I D U E O C V I D S I A I S J S M
H V R C C U I Q R Q O F O D L M X U H D W D S V
M O S H B I M C I T W M X C Q O O Q B M A P A I
E D T E O C E O M H R A R Y A O Z N L C W G Y G
G U E L O H D V Q Y V H K E J R W T E B K L S R
U K N M K I I U M H E L G M V E E F P M W O F A
R Y T O E A H Q Q R H O N A Y I M O H I H S A Y
E M H O R K T U A S A G A L E H S R E H W K O T
Q M O R K A N Y H B U Z A Y I K O U R A B U S H
U I M E U I G P X X O W S X C D Z Y L D F L C O
A J A Z D R L L E W T R A H Y E L R A H V H A R
S X S P O D S M N R N D D O R U M A U R O O T N
```

Hidemi Hondou   Akemi Miyano   Joseph Megure

Richard Moore   Detective Saimone   Kirsten Thomas

Harry Wilder   Hershel Agasa   Masumi Sera   Gin

Rachel Moore   Booker Kudo   Vivian Kudo   Vermouth

Subaru Okiya   Tooru Amuro   Shiho Miyano   Jimmy Kudo

Harley Hartwell   Shuichi Akai   Phantom Thief Kid

Conan Edogawa   Vi Graythorn

Case Closed 2

PUZZLE #47

```
Z U W C L I C Z N A E K O M I I K E P S V C Y K
O I M P K B M C J C F P R N T B J L R J O S J R
E Q I U R M D D T A N U X O I I A E O J R O T I
T O T A R A H E U I U Y B Y N K K T V I D Y Z S
A T C O H R F O X L S V A P Y A O Y D I X N I T
D N H S D N Y W P M X V E X N M X O E C A K A O
M N T I F X S F N E L I B O A G M S K D O Y B P
A T E I S A O R C D M U S Y H P T G A O N O U H
R U N U W D X O Y A B I I M E A E K U F Y U K E
T H N O C G T A T L R M Z K R V A S V G V C A R
I H I N B F L S Y R I D V L P V H H M U E R H M
N O S K Z L U C A M D C I D E U H X R N D R U C
H A O R Q D D H U Q Z N L R E G A E Y Y M A R L
A O N W A H I Y Y L G Y U G F L C G W P B T U A
R K D N L I Z F A U L K N E R Y Z U T G N I G U
T O R A T Z T X C G J A M E S B L A C K V E A G
W N T O I C H I K U R O B A R U D Y M J O S S H
E A K A K O K O I Z U M I Q J H A L J N P L T L
L K J Y C E M N I C H O L A S S A N T O S O B I
L A U W T X B T O M O A K I A R A I D E F T U N
K M W Z E Z D S E R E N A S E B A S T I A N X Q
P O F W Q S O W K A N S U K E Y A M A T O P F I
E R N T Z M P S A U K O G O Y K O T O K A M N E
Z I S L L E W T R A H A K U Z I H S Q H A T Q W
```

Yui Uehara   Tomoaki Araide   Akako Koizumi   James Black

Harrison Akers   Kristopher McLaughlin   Martin Hartwell

Nicholas Santos   Shizuka Hartwell   Yoko Okino

Mitch Tennison   Amy Yeager   Liz Faulkner   Yumi Miyamoto

Makoto Kyogoku   Kansuke Yamato   Toichi Kuroba

Serena Sebastian   Naeko Miike   Saguru Hakuba

Aoko Nakamori   Eva Kadan   Jinpei Matsuda   Jodie Starling

PUZZLE #48

Sailor Moon

```
H R C V R D C H D T C T M Z T S X E V C A Y Z H
V I Y X I U J N O O M I B I H C R O L I A S S C
J F A H S U C R I C N O O M D A E D D V W W A X
M H P S O B D W H A K G I D Z U C G E O M L I B
M E R J T O X S K Y X I D P T H C J A A E U L T
O L L V H H W C U S F B Y A Y X H U T S R N O A
D L E V Q A G O O N A L R R R F Z G H U P A R O
G T S P D L C I D W E M J Q S R O M B H N M M J
N R D A I Z I I L U P V O U F A G L U C R S E U
I E A I Y S A D T R Q Y R D B U T T S S U A R L
K E C T Z N H P J C A Q V O E G A C T S T I C R
K A Y H A N O Y V H A T E H L X F R E A A L U X
R L R H T C T L R P O L S X P I U J R I S O R C
A I X Z O G F V C F N F A R Z B A T S L R R Y P
D E N P Y V E K T D C Y N G O O U S M O O J X S
M N X J I W Y R J I G G N L W L A F T R L U W X
T S M P G K A R T E M I S Y F O I K K M I P Y M
P V M G X P Z Z I R L F D J C Y D A A A A I B U
P S L Y F S A I L O R U R A N U S A S R S T H K
N O O M R O L I A S A Y L A C Z E S H S B E Q A
S D B E W C R N I Y Z E X K I K E E J S B R V O
S A I L O R P L U T O Q X F R T D A E C U H I L
J M J N A L C N O O M K C A L B G S D D V A N Q
T G E N U T P E N R O L I A S L E A L B N E I E
```

Sailor Starlights Luna Artemis Diana Shadow Galactica

Dead Moon Circus Death Busters Black Moon Clan

Hell Tree aliens Dark Kingdom Sailor Saturn Sailor Neptune

Sailor Uranus Sailor Pluto Sailor Chibi Moon Sailor Venus

Sailor Jupiter Sailor Mars Sailor Mercury Tuxedo Mask

Sailor Moon

Inuyasha 1

PUZZLE #49

```
J G K D D Y Q S I M I R O K U Z M O T D U S F K
Q N J W G B C S O K O H A K U L C Y O Z U B U P
X A P D N A R G I Q T J Z M R G G X P Y K Q J T
R K Z S O Y J I X X U M H Q M G Z B W K N U A H
Z U G Z R Q T K A Y Y H W U O Z A E A P O K M
Z C M I Z T U A U S V U I W U N B G D I Z H E P
I L T V Z U E L O N R R L U K K O O N D W Q N A
P J P Q J O Y F G B N Z D O R M K P K E W U S B
L R J X P Y K U Y H L R T X E A L H L O G F E K
E A N N A K S H L U H S T H H Q A C K P T E S D
B F C E W U M R P Y U O I I V R O Q A E O R S M
Z X X M X P G H K J C G G A C J F I G F T D H G
B Z X R C H A J D T U U I F G O Z D U A O M O Q
S J Y N A R A K U R R Q Z P R O R W R B S I M P
Z Q S M Q K C E A A J H Q K V D Y Y A K A W A N
A N B T H H A S S A K V Q Y T R W M R I I K R N
I I G F D Z H H J J V K I J F J G K W K H N U F
N T A K C I I O M W E U W J S Y N I R Y O X A F
U Q R B X I P K W H E E F B O I M N B O T H D U
Y F N S J P N A V M F Q R G W D G X K X Y L T I
A I E C I R Q E H S D W N U Q Q J D Z S C H Y N
S F Z H W M U D U B I A A I K S P F Y B W A I B
H J S J C X E E Y H S I J K I R A R A L G R D T
A O U Q J E A M T Q V R Q P K V B N Q V A G O K
```

Nodoka Higurashi   Kikyo   Jaken   Myoga   Bankotsu

Grandpa   Kanna   Naraku   Kagura   Kohaku   Totosai   Kirara

Kaede   Rin   Shippo   Koga   Miroku   Kagome Higurashi

Sango   Sesshomaru   InuYasha

PUZZLE #50

Inuyasha 2

```
P B W M E L D I Y T W K G W Q U V L P Z U G F E
P N M T A F V I O H G O S H I N K I A V N F D Z
R U S T O K A J R I Y V G V F R T B W V R D Z J
H A K U D O S H I E I Z D U E U N S F W Z F K B
H J E J Q L G I K T L Q L D D L R M U E S T Z I
X B A R U M Q E M J I N E N J I T A I B H C Q Z
R Y L Y O M B D X U G Y K G U L M A M T A V M Y
L V M M D P D A U F Y F U L P J A J Z O V K J S
W S O U T A H I G U R A S H I M Y V P J R Y I L
H W P R X T G D O W I L I F V U U J L N T U M U
G N B X B I A O W Y B C F X W X K X B X N B J F
S V Q A N X Y J H G A O B B I A A K Y O O J K W
U R R T P L A Y E I L Z P Q Z H Y A W Z P R M T
S S A B K T M V A N V F I O Q E B G M R C P K T
R K T N A V E D D K C Y T N X B O E B H U T Y E
V K T O R U Q W Q O R U D H M Z P R E B I B O H
E V R Z K G F T H T K K U Q W A U O M V V K K X
C A C V S U Y P P S C A W R C D Z M H V B R O P
O G M A O Q M F F U Q V F G P H N A O Y V B T V
I O M A G A T S U H I M M O V X H R J L Q K S C
V X V X I R L R V U J U H L S J C U O T Z K U M
L U K A K K A H Z S D P B H V U E C A M D K S D
G N M T O G J Y M J I Z W F P M M Y R K L P W E
J H F E M P R H O E W R L L W F T C F Z C W J X
```

Mukotsu   Kyokotsu   Ginkotsu   Kageromaru   Goshinki

Magatsuhi   Muso   Juromaru   Tsubaki   Jinenji   Byakuya

Yuka   Eri   Hakudoshi   Hojo   Ayumi   Hakkaku   Izayoi

Ginta   Ayame   Jakotsu   Souta Higurashi

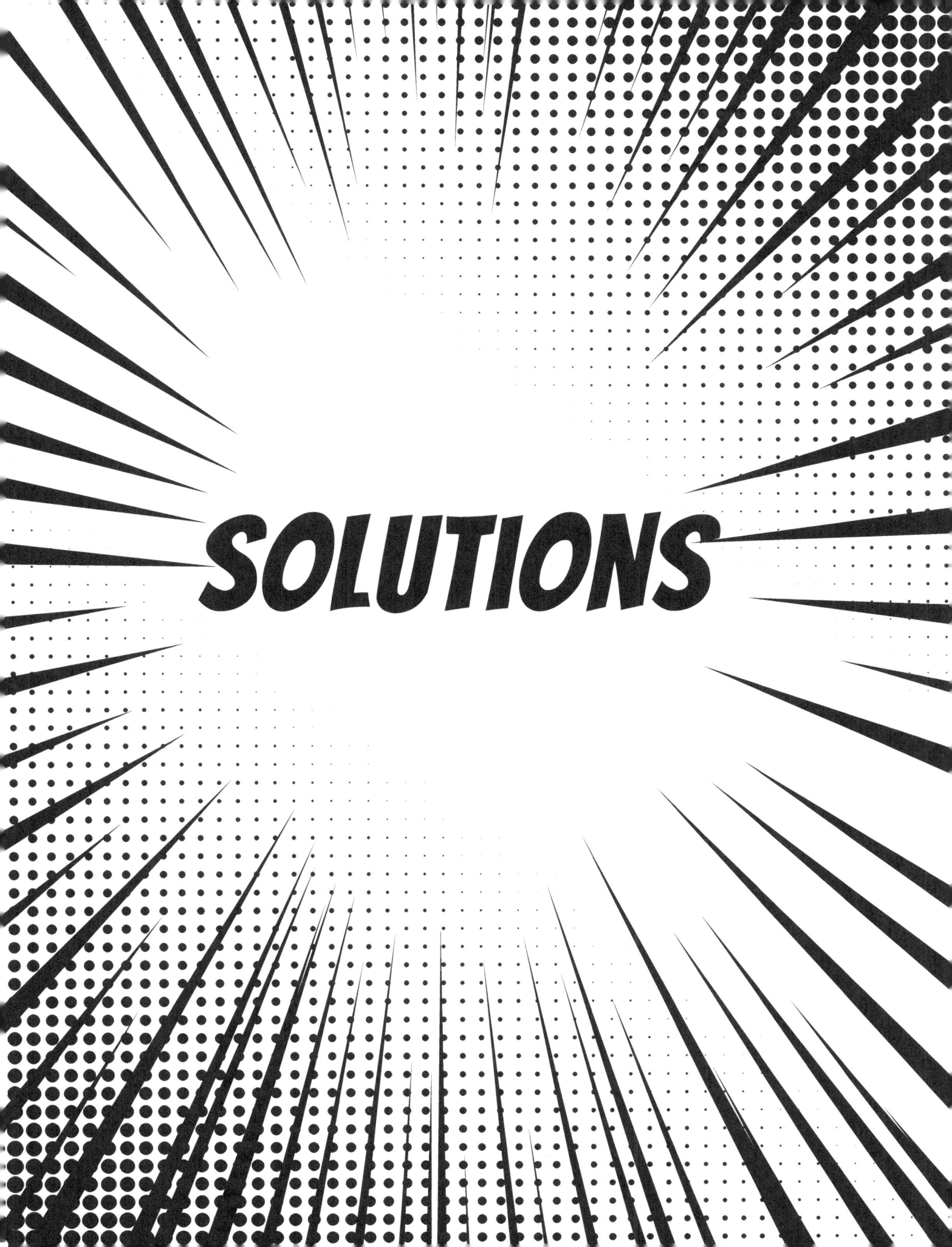

Anime Series 1

PUZZLE #1

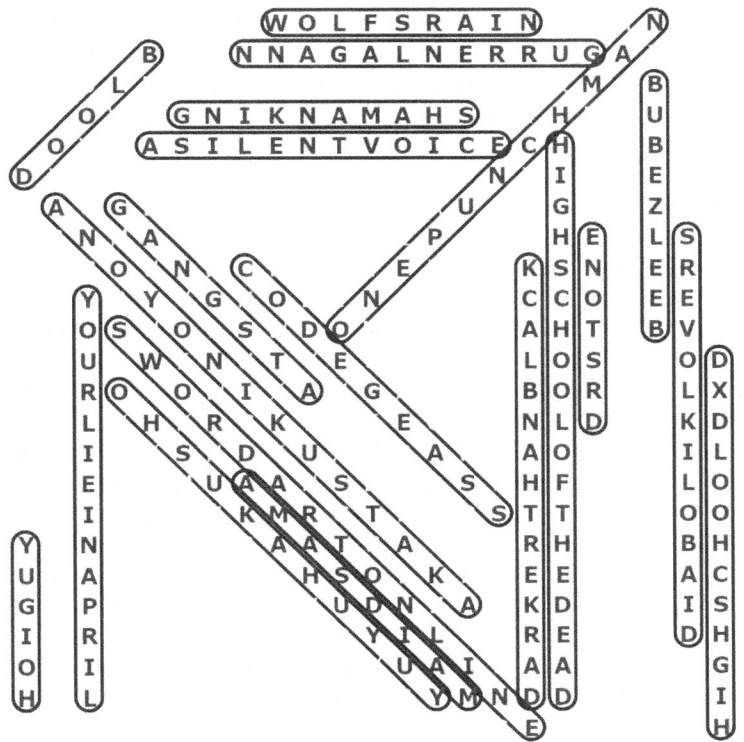

Anime Series 2

PUZZLE #2

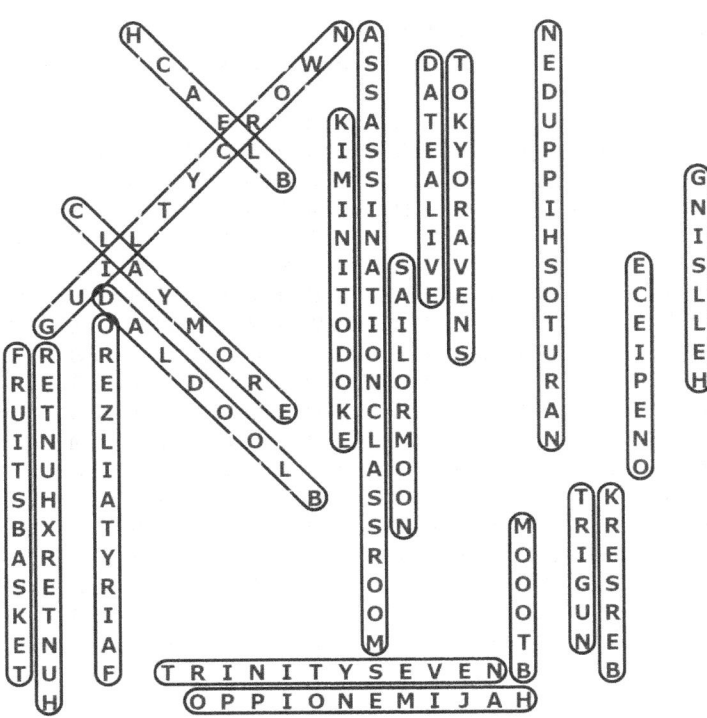

PUZZLE #3

Anime Series 3

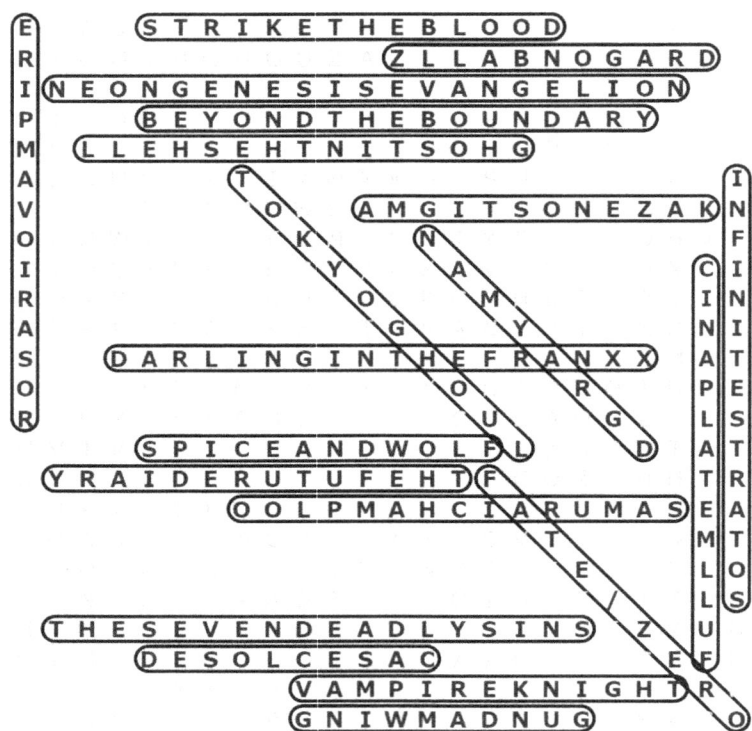

PUZZLE #4

Anime Series 4

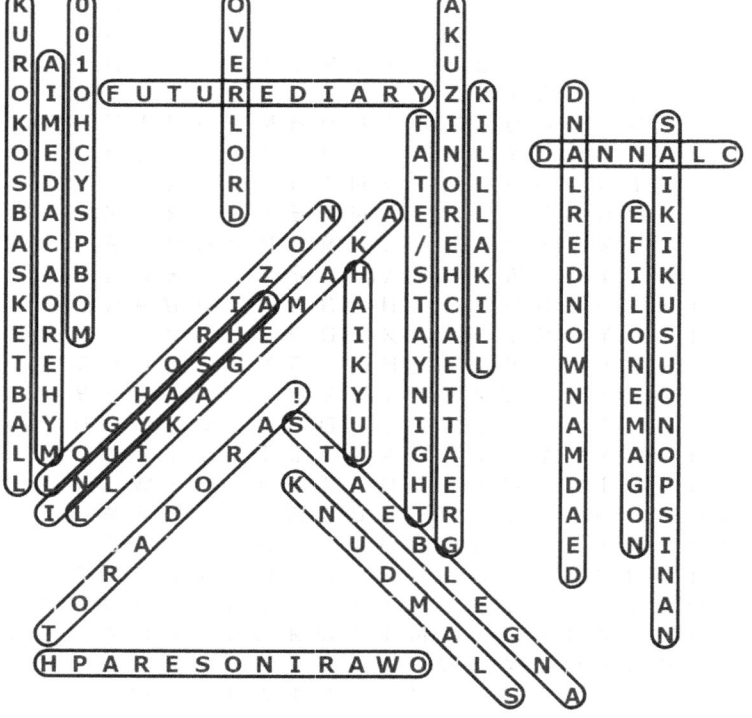

Anime Series 5

PUZZLE #5

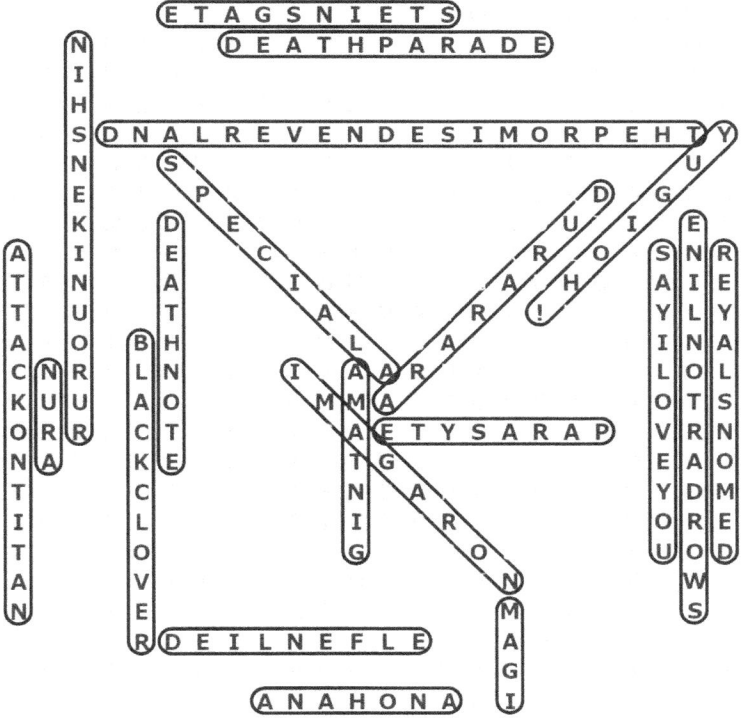

Anime Series 6

PUZZLE #6

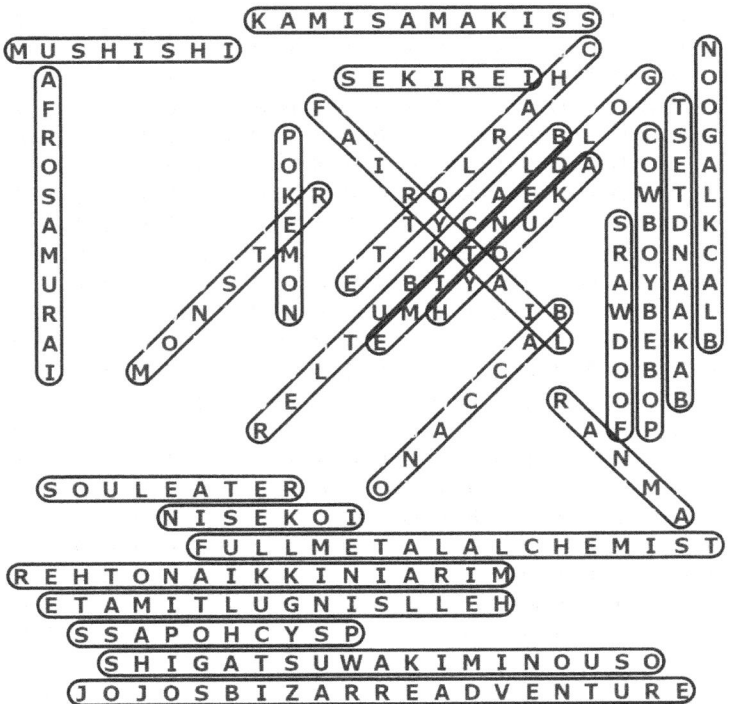

PUZZLE #7

Hunter x Hunter 1

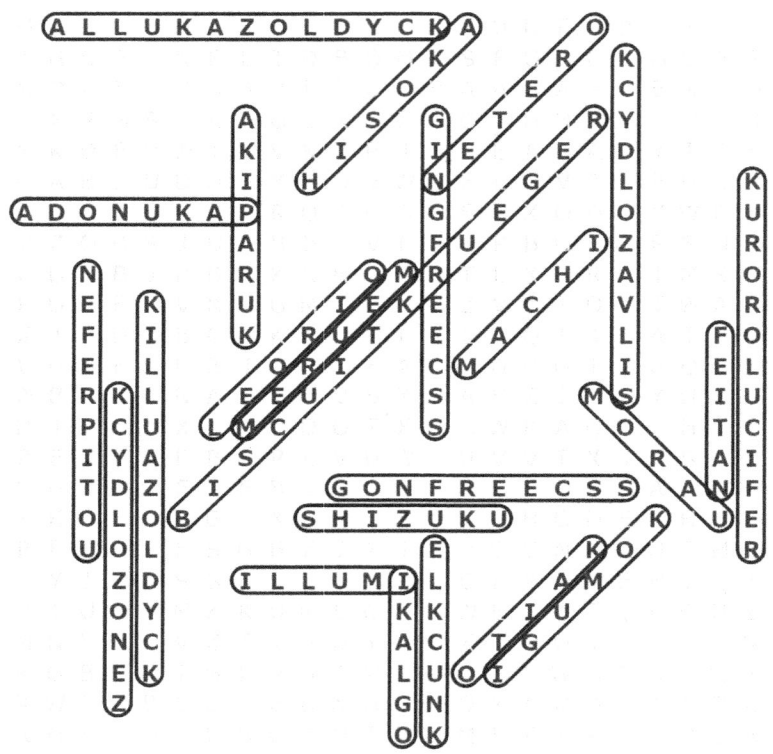

PUZZLE #8

Hunter x Hunter 2

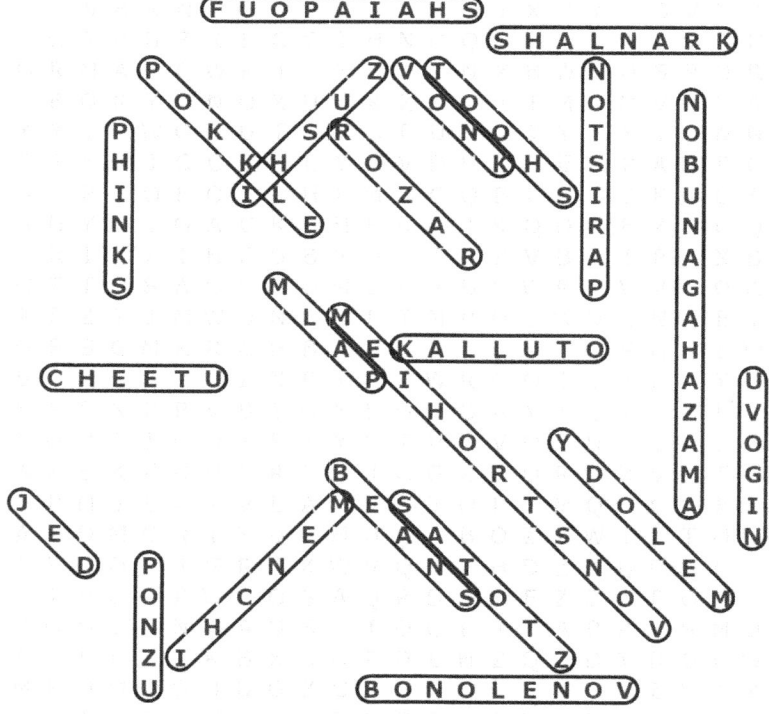

Naruto Shippuden 1

PUZZLE #9

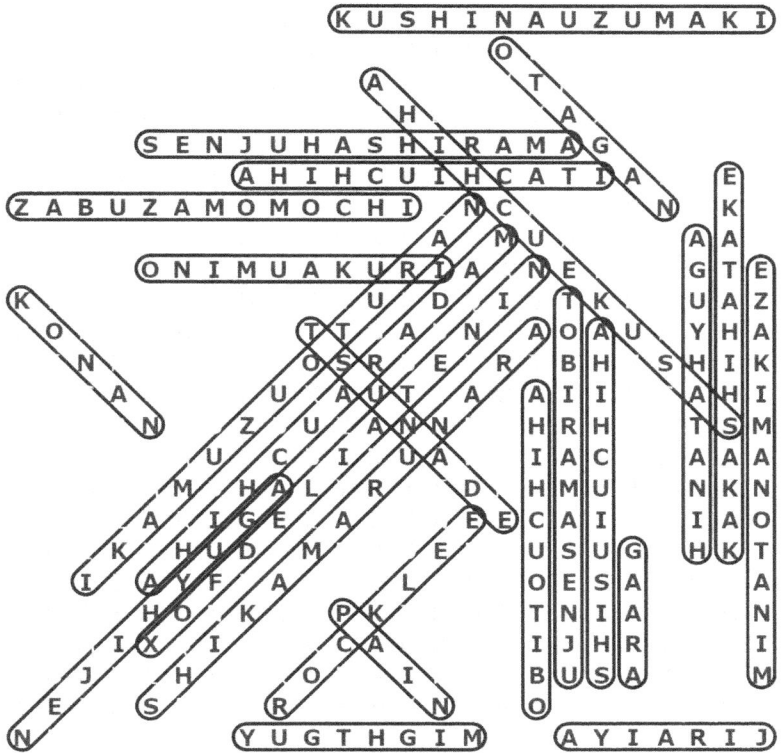

Naruto Shippuden 2

PUZZLE #10

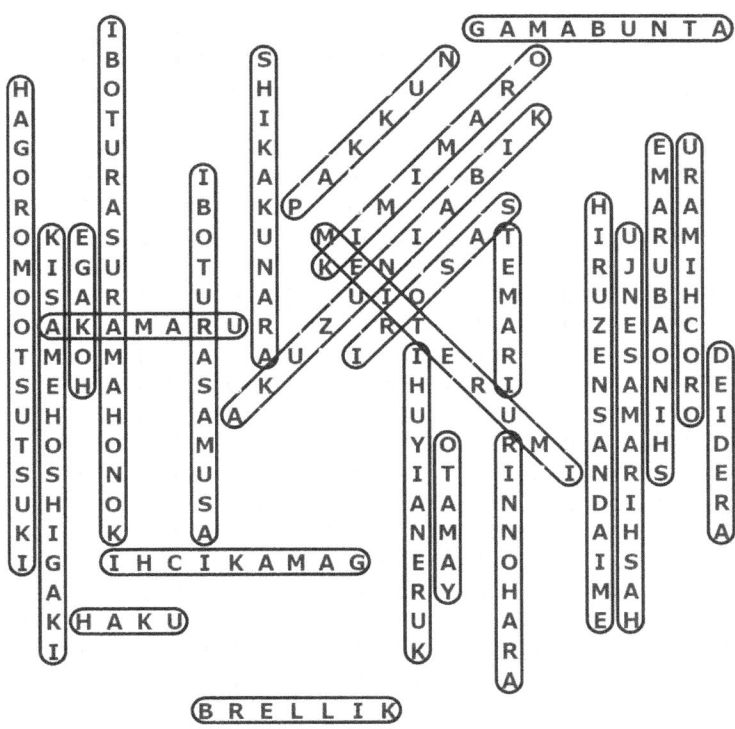

PUZZLE #11

The Seven Deadly Sins 1

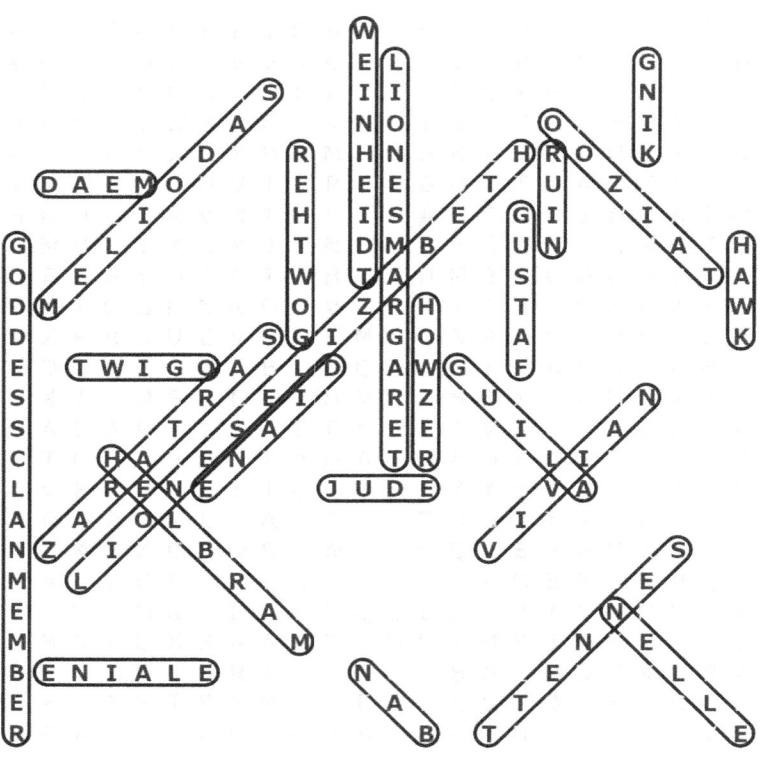

PUZZLE #12

The Seven Deadly Sins 2

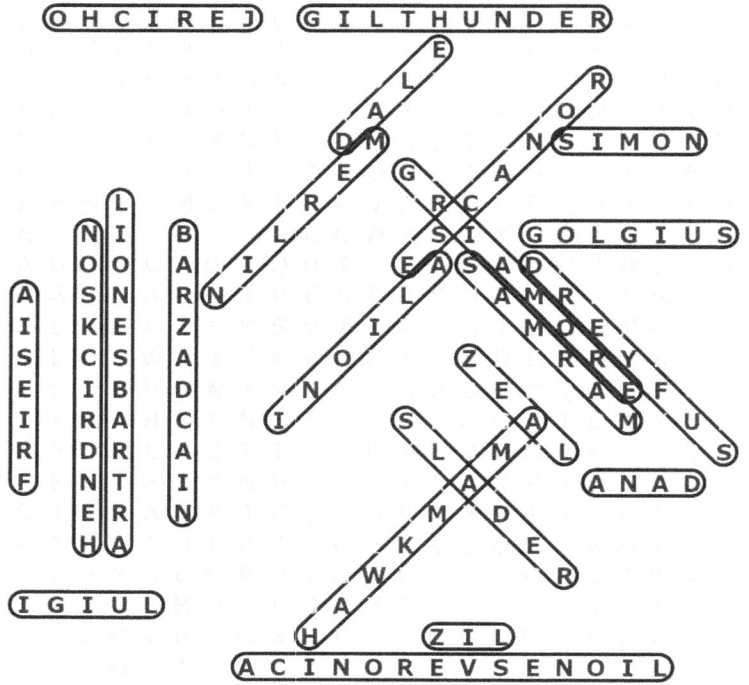

Fullmetal Alchemist 1

PUZZLE #13

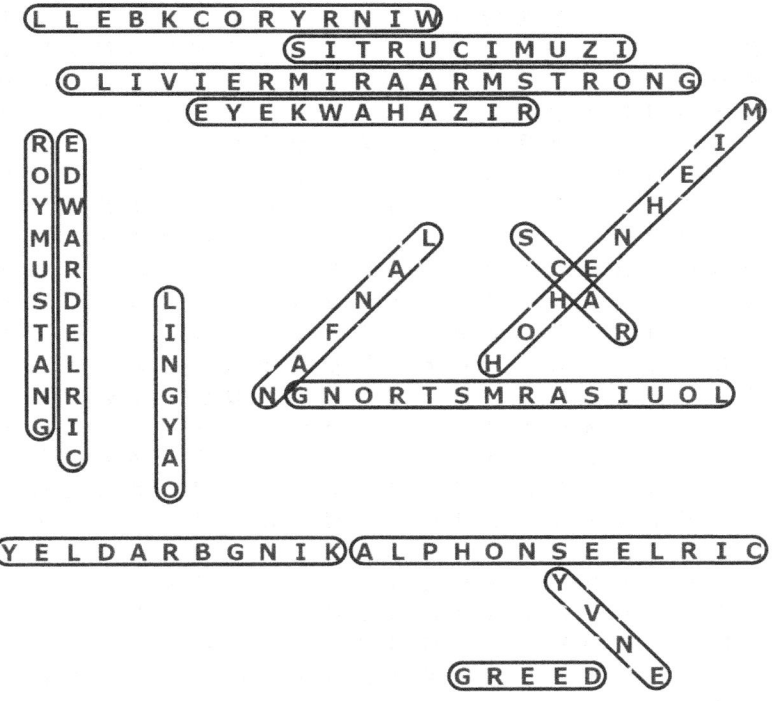

Fullmetal Alchemist 2

PUZZLE #14

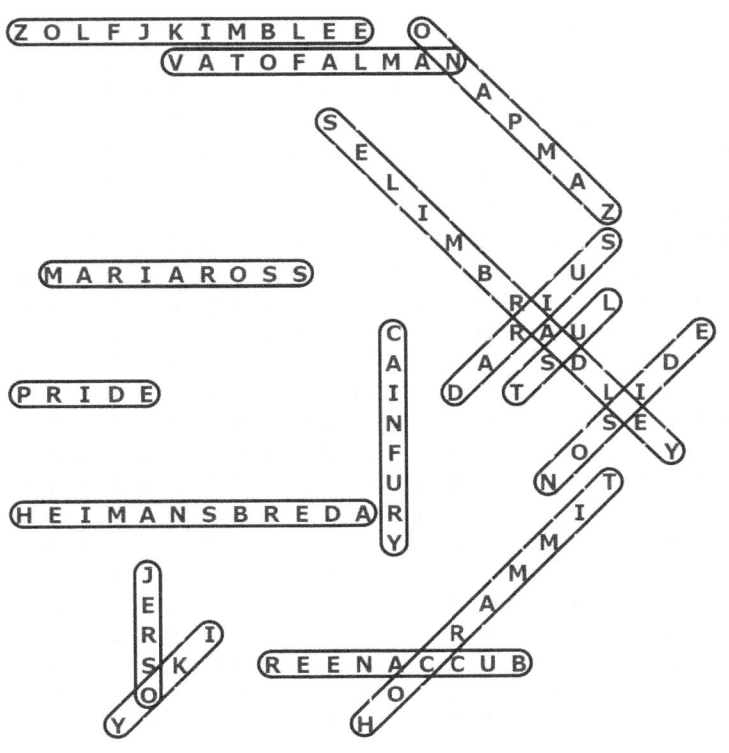

PUZZLE #15

Tokyo Ghoul 1

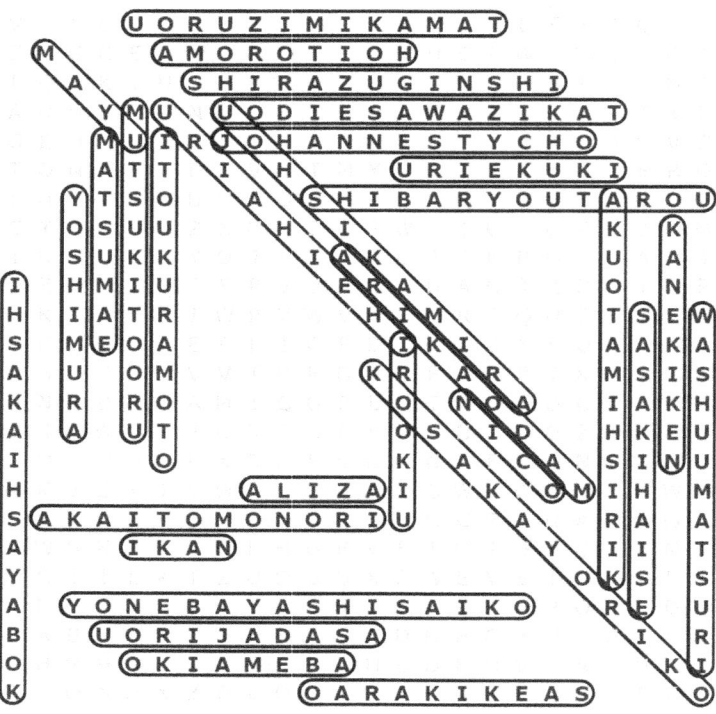

PUZZLE #16

Tokyo Ghoul 2

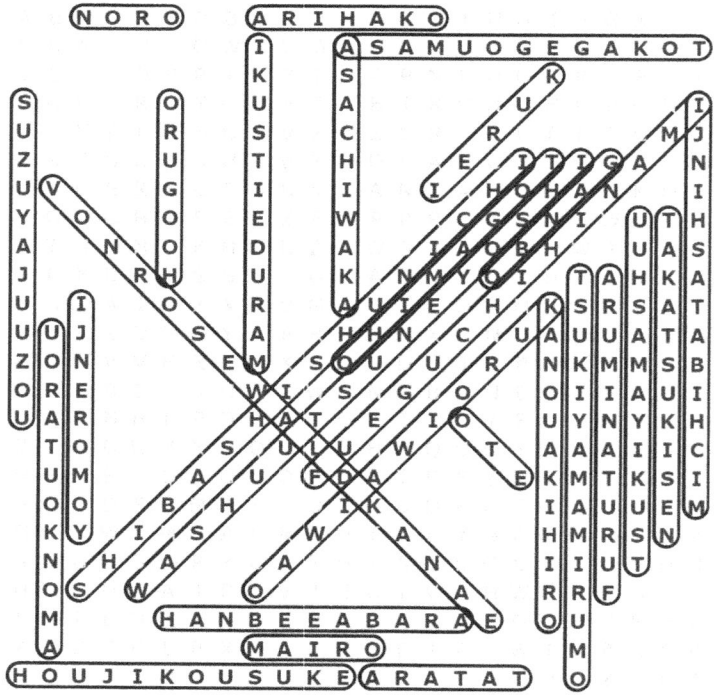

One Piece 1

PUZZLE #17

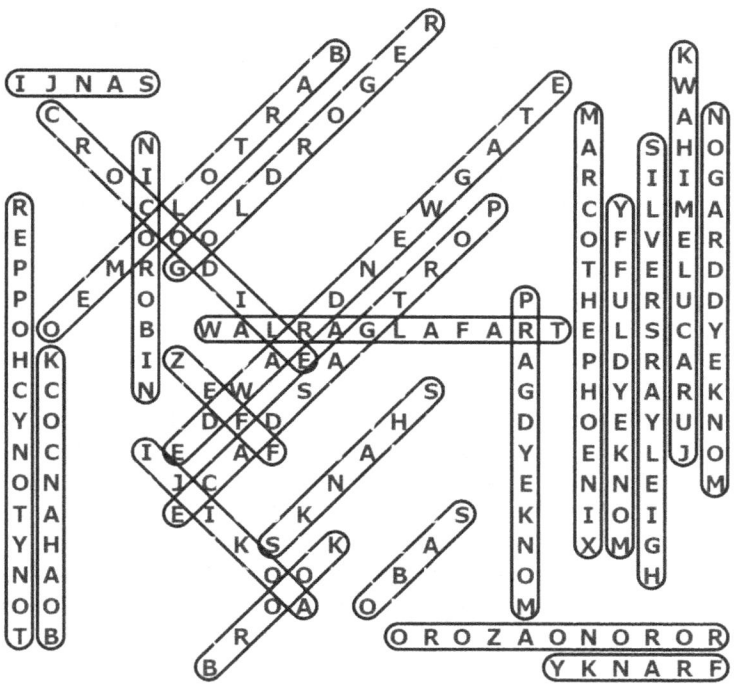

One Piece 2

PUZZLE #18

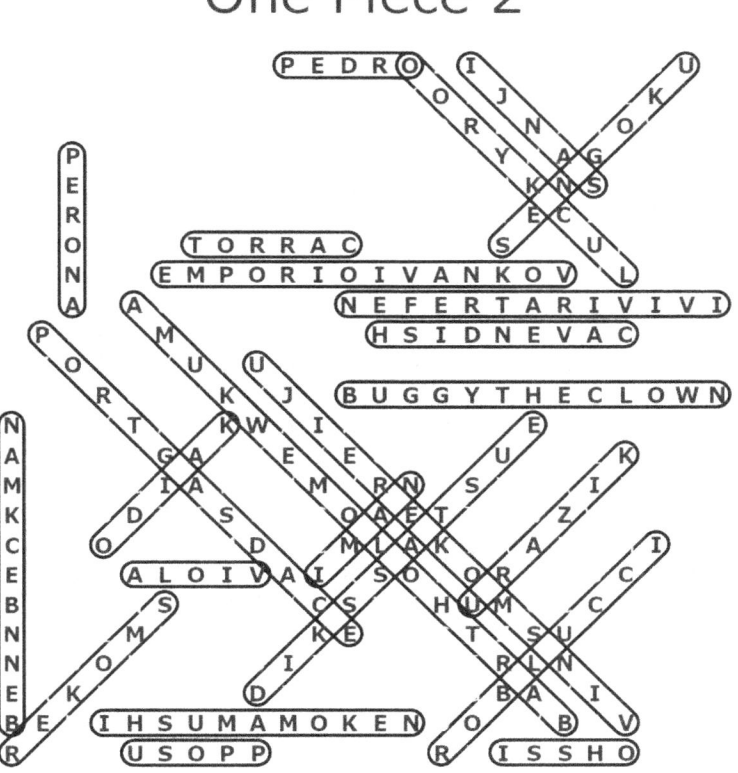

PUZZLE #19

Attack on Titan 1

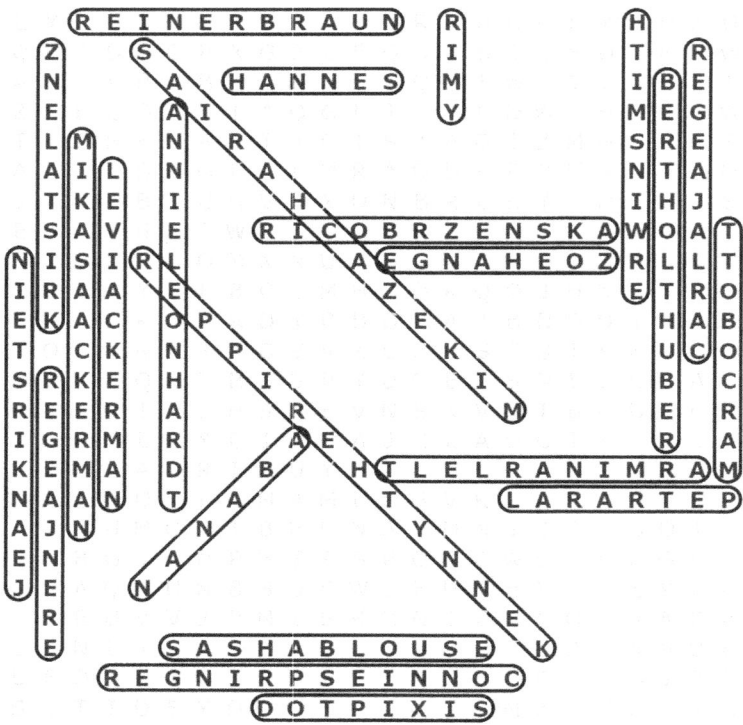

PUZZLE #20

Attack on Titan 2

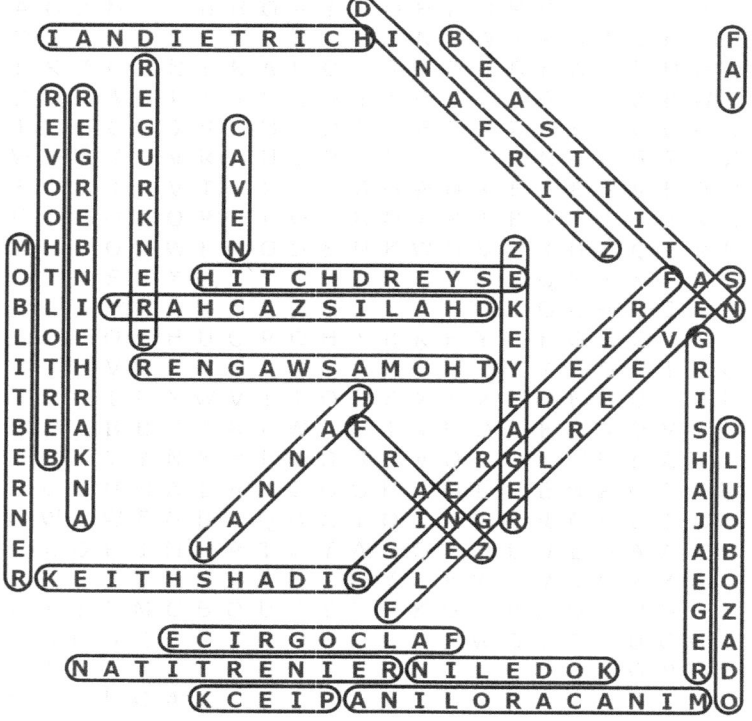

Dragon Ball Z (1)

PUZZLE #21

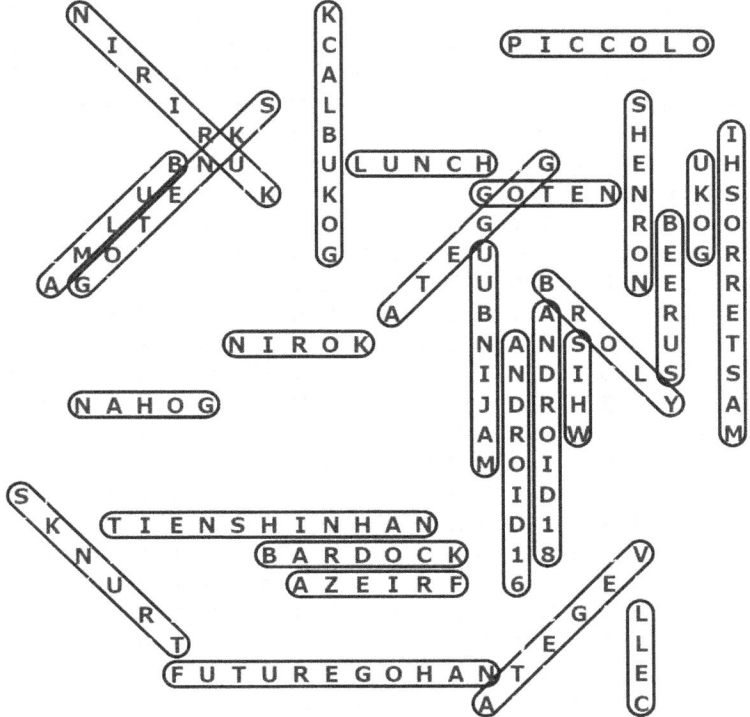

Dragon Ball Z (2)

PUZZLE #22

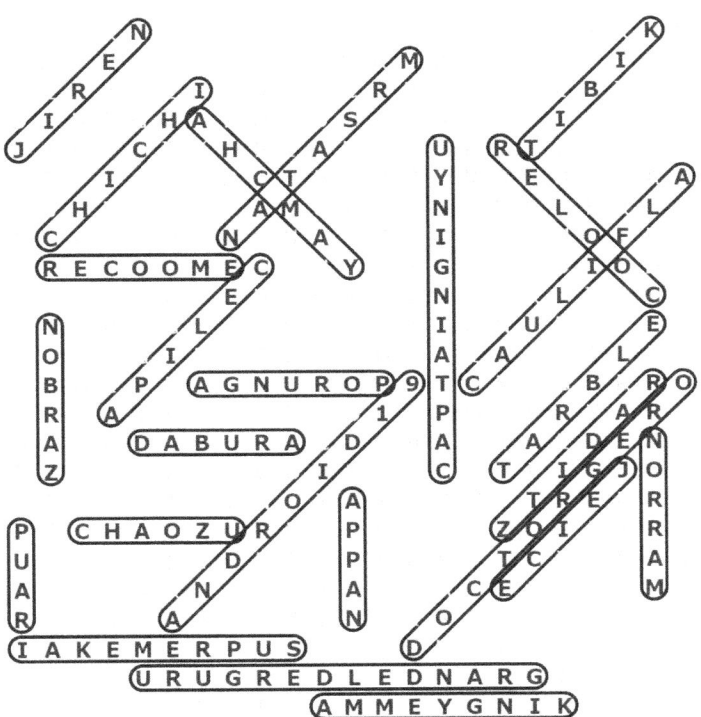

PUZZLE #23

Yu Yu Hakusho 1

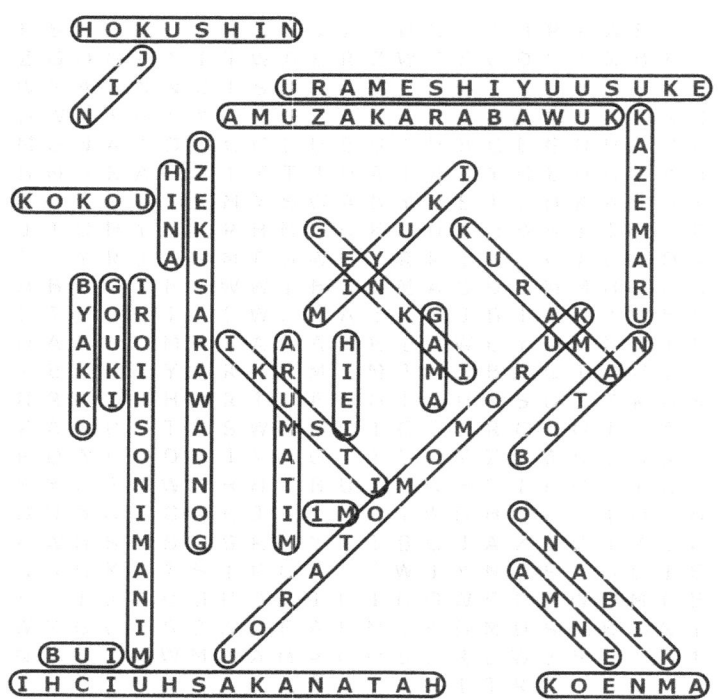

PUZZLE #24

Yu Yu Hakusho 2

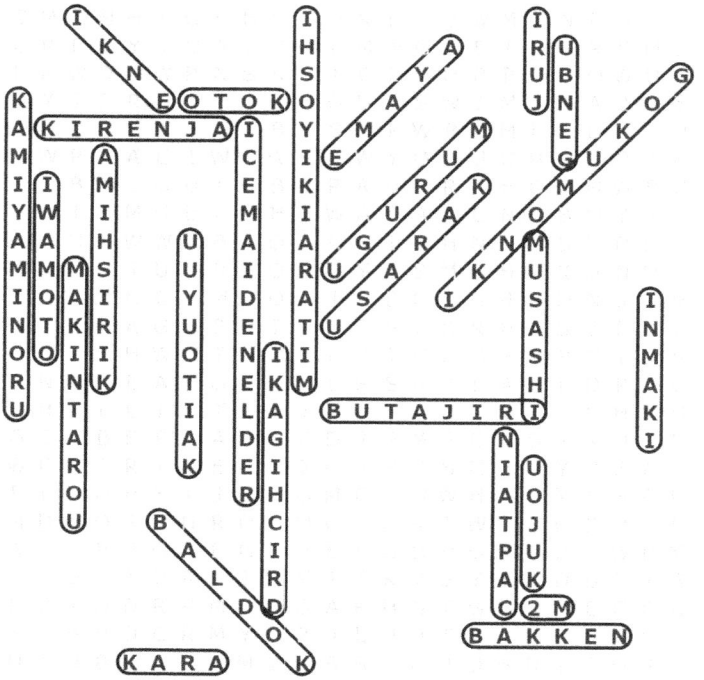

Rourouni Kenshin 1

PUZZLE #25

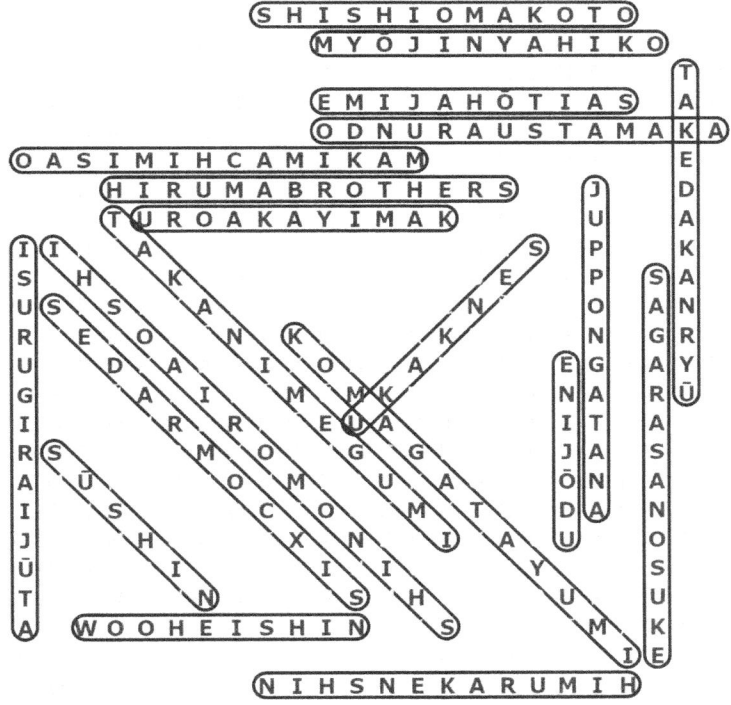

Rourouni Kenshin 2

PUZZLE #26

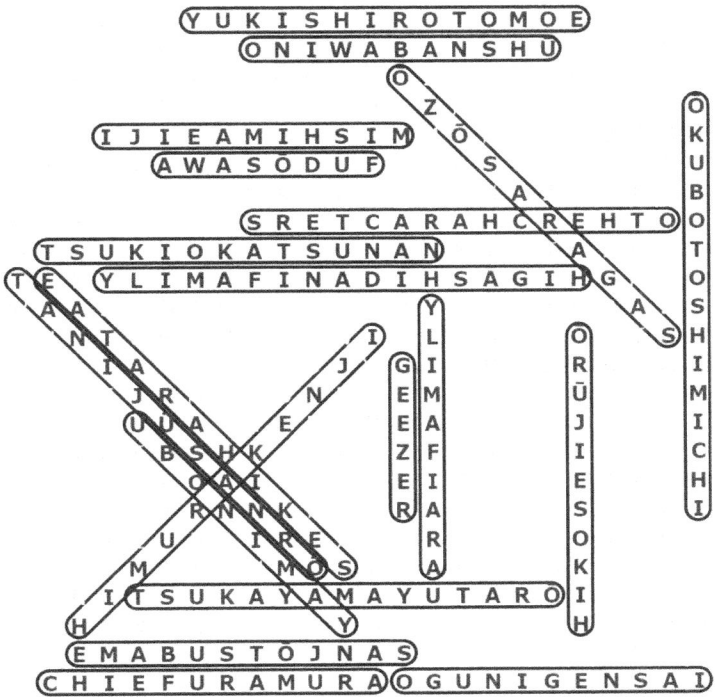

PUZZLE #27

Death Note 1

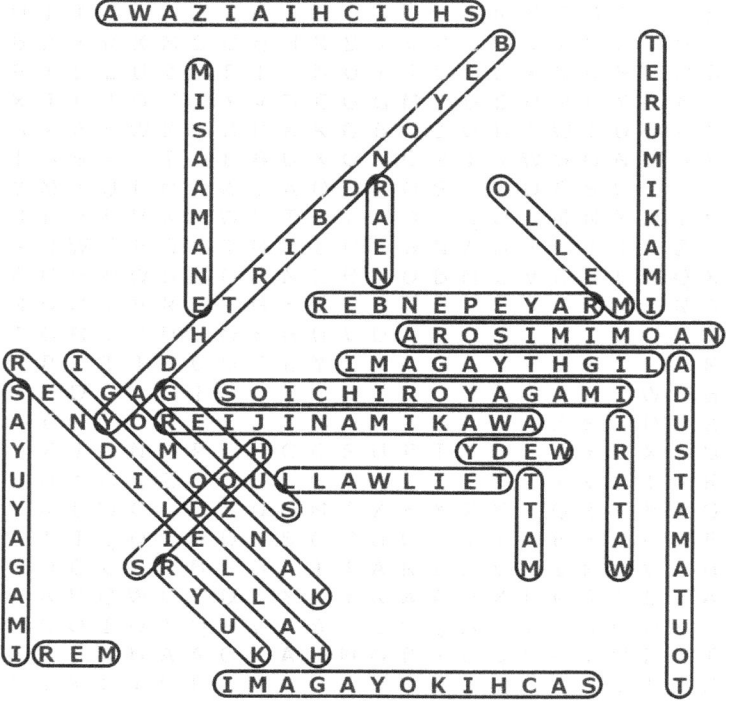

PUZZLE #28

Death Note 2

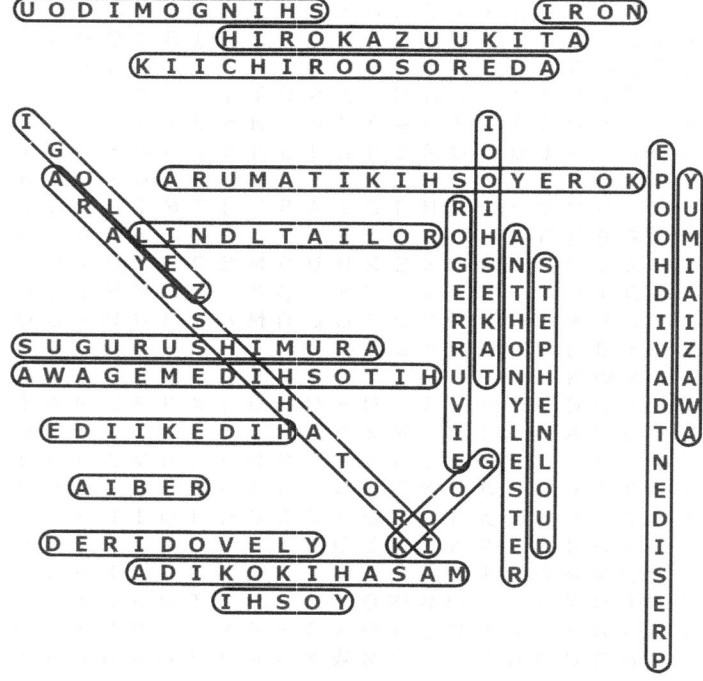

Hajime no Ippo 1

PUZZLE #29

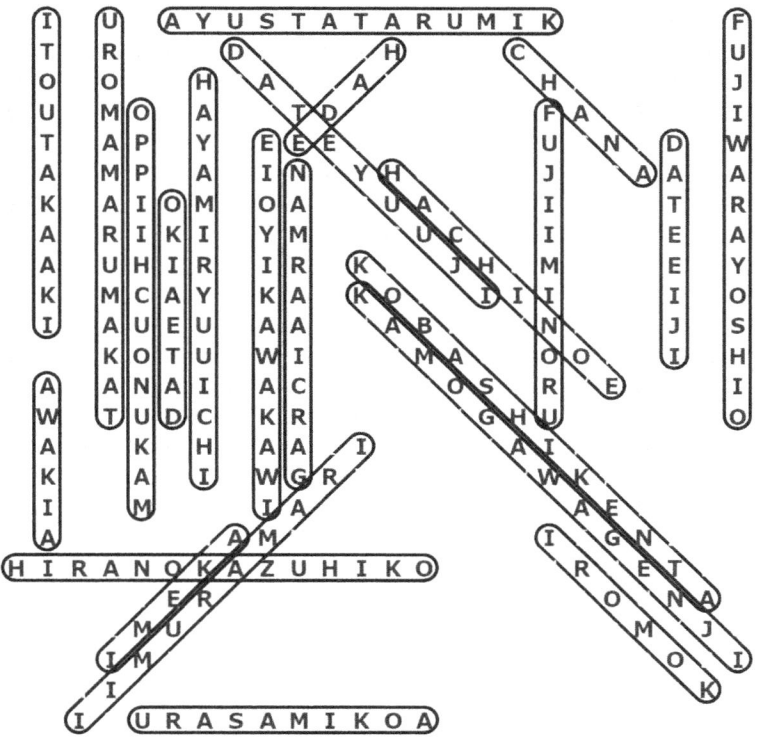

Hajime no Ippo 2

PUZZLE #30

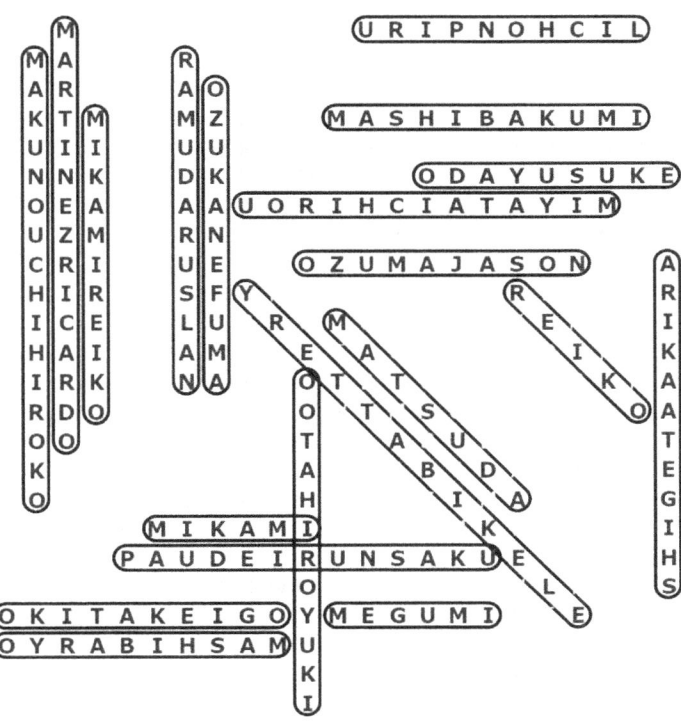

PUZZLE #31

Slam Dunk 1

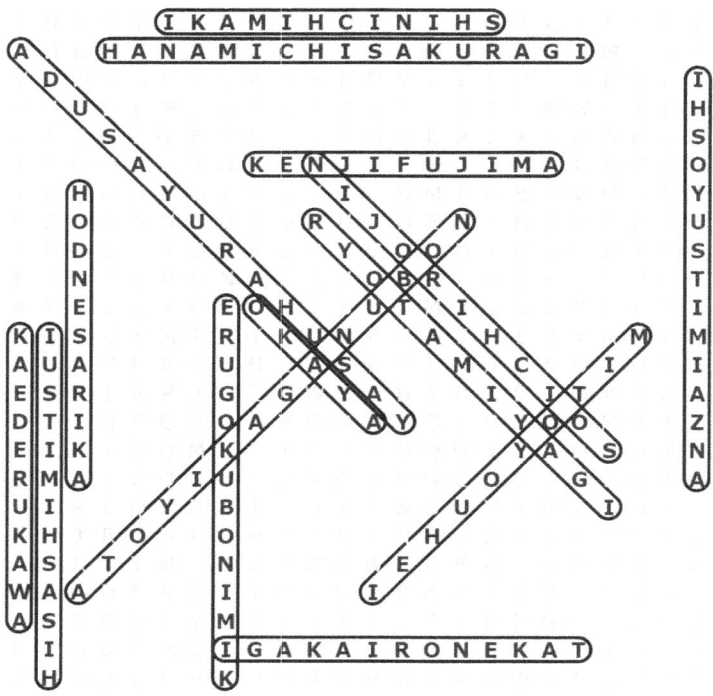

PUZZLE #32

Slam Dunk 2

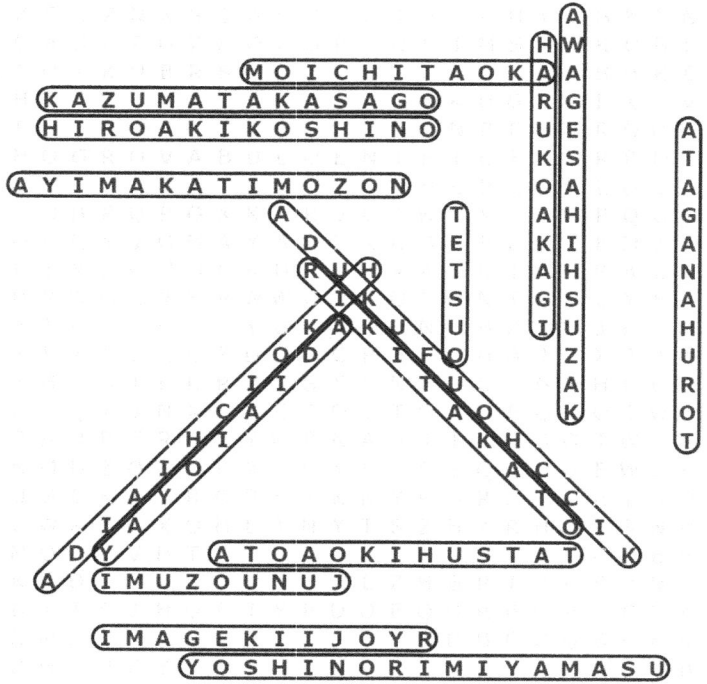

Bleach

PUZZLE #33

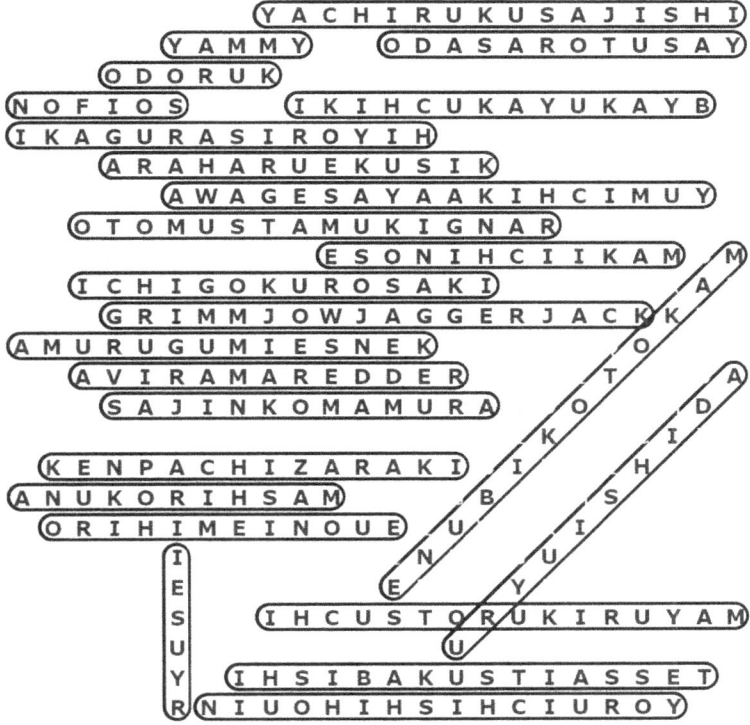

Pokemon Names 1

PUZZLE #34

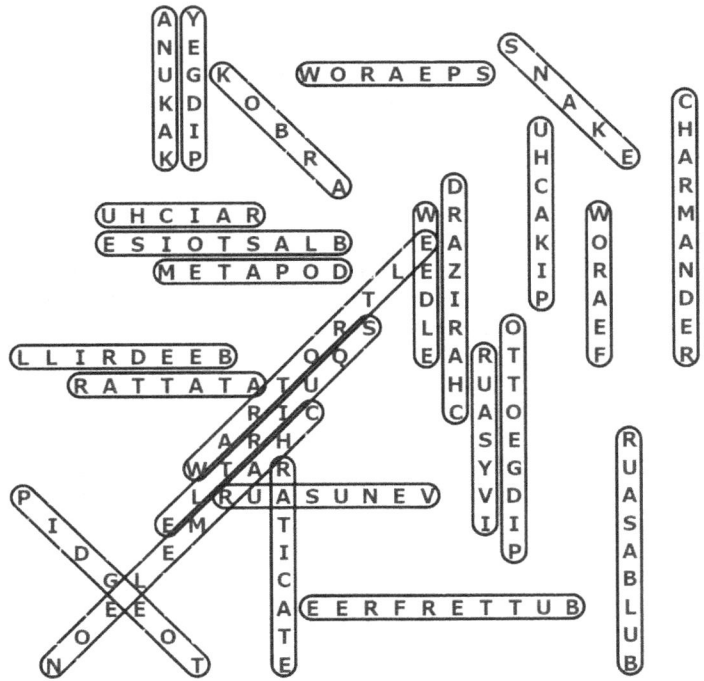

PUZZLE #35

Pokemon Names 2

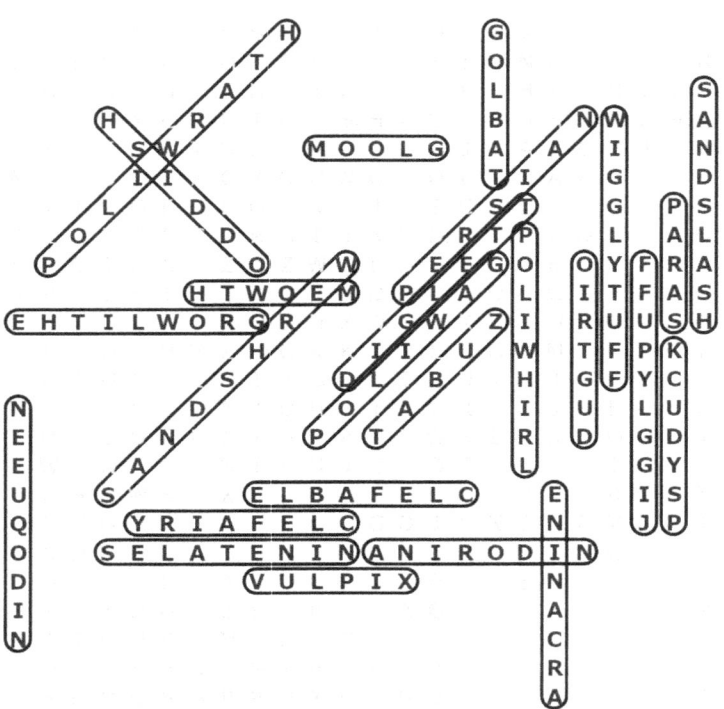

PUZZLE #36

Pokemon Names 3

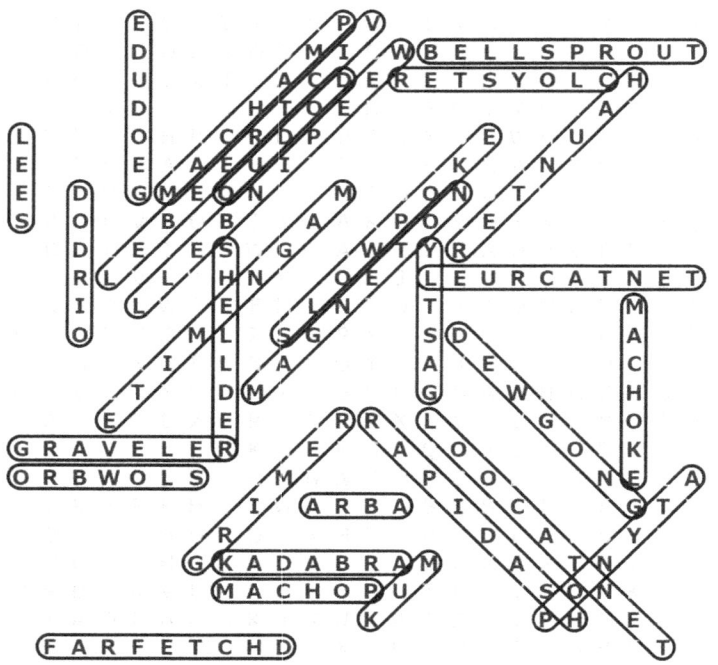

Gundam Wing

PUZZLE #37

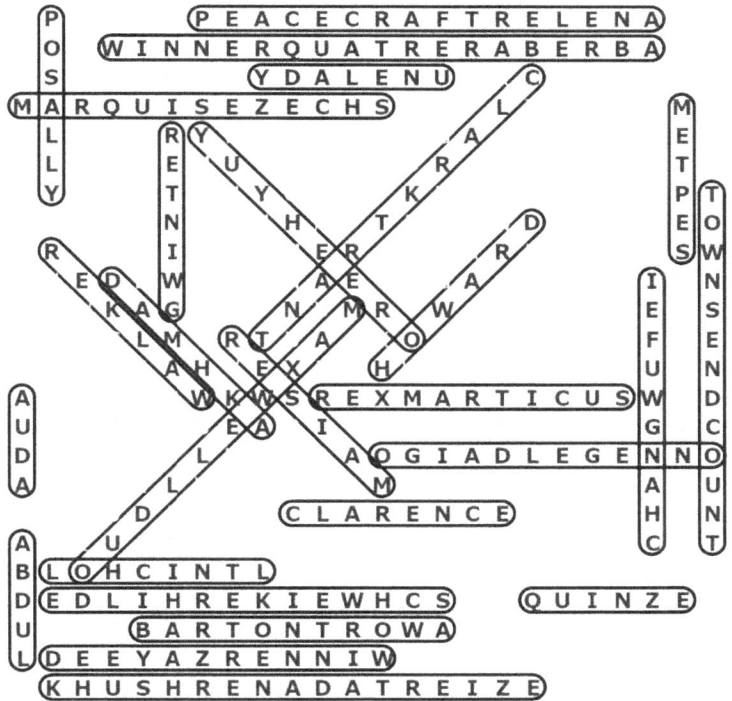

Trigun

PUZZLE #38

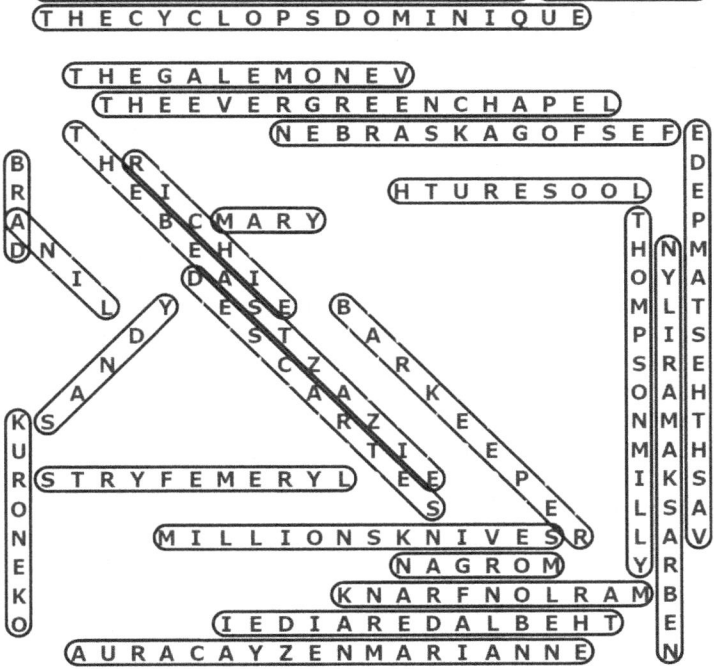

PUZZLE #39

Shaman King 1

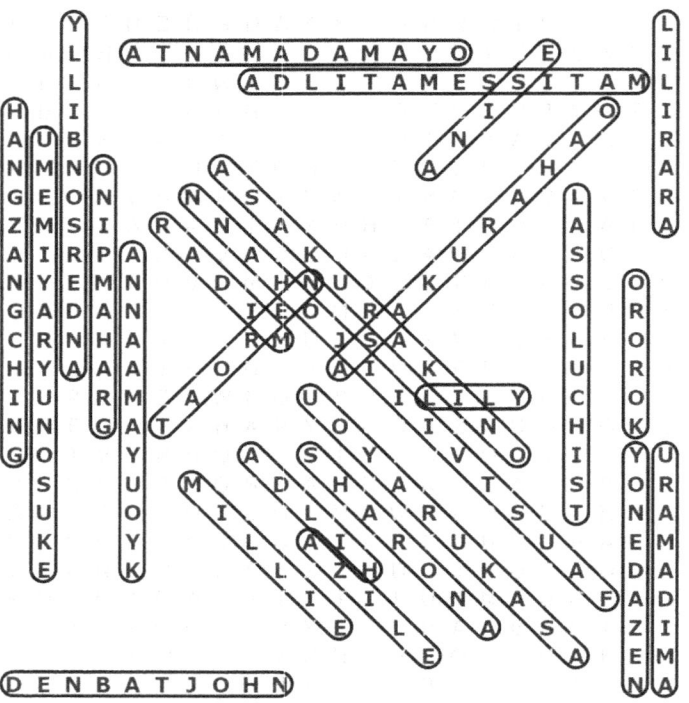

PUZZLE #40

Shaman King 2

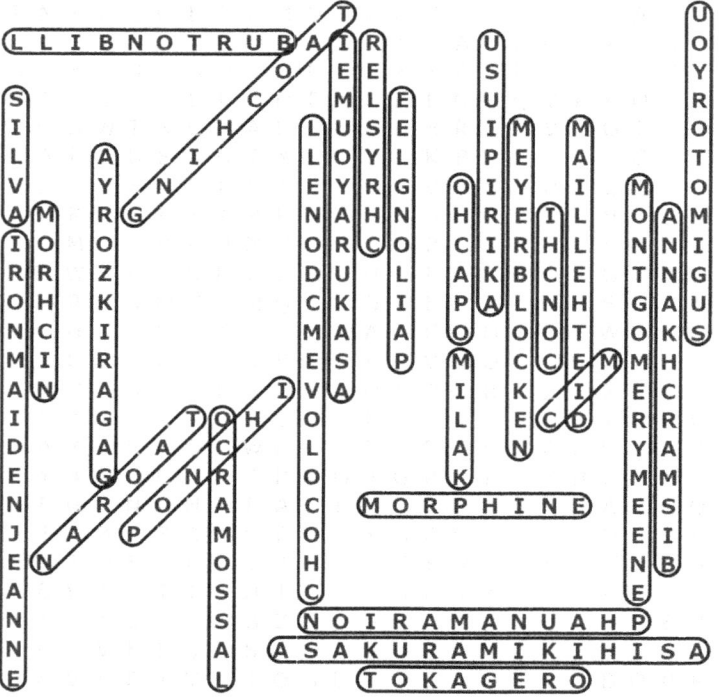

My Hero Academia 1

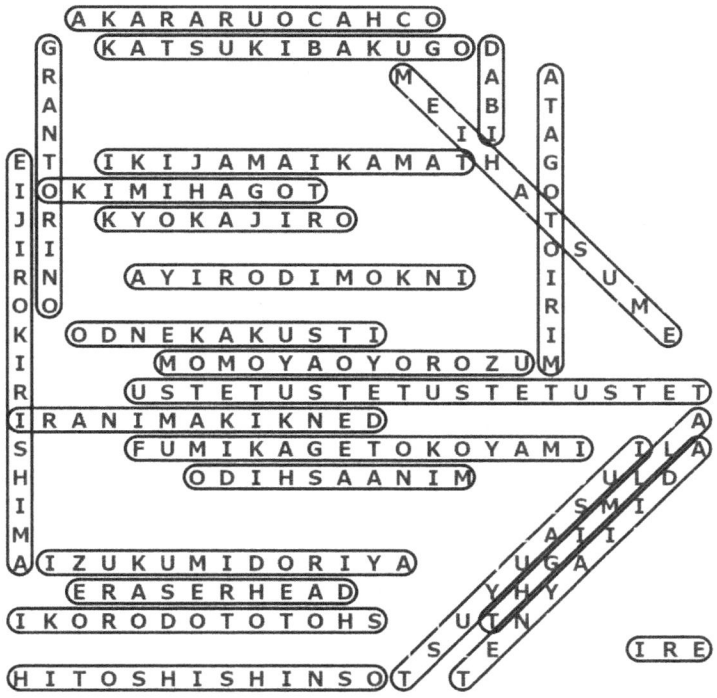

PUZZLE #41

My Hero Academia 2

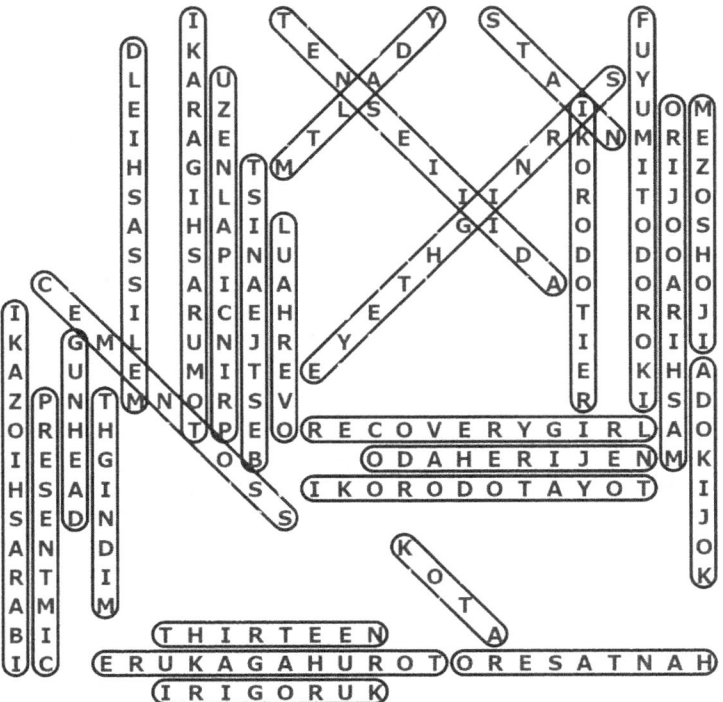

PUZZLE #42

PUZZLE #43

Great Teacher Onizuka 1

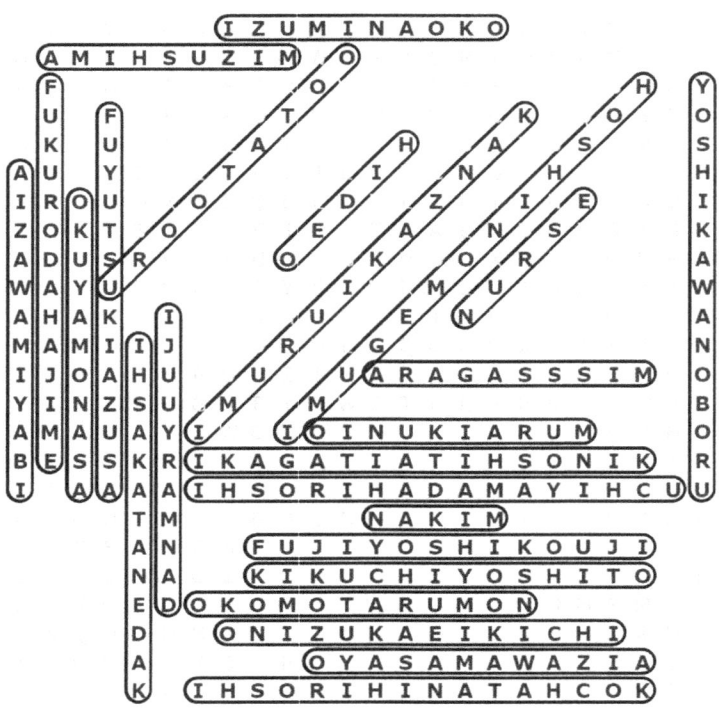

PUZZLE #44

Great Teacher Onizuka 2

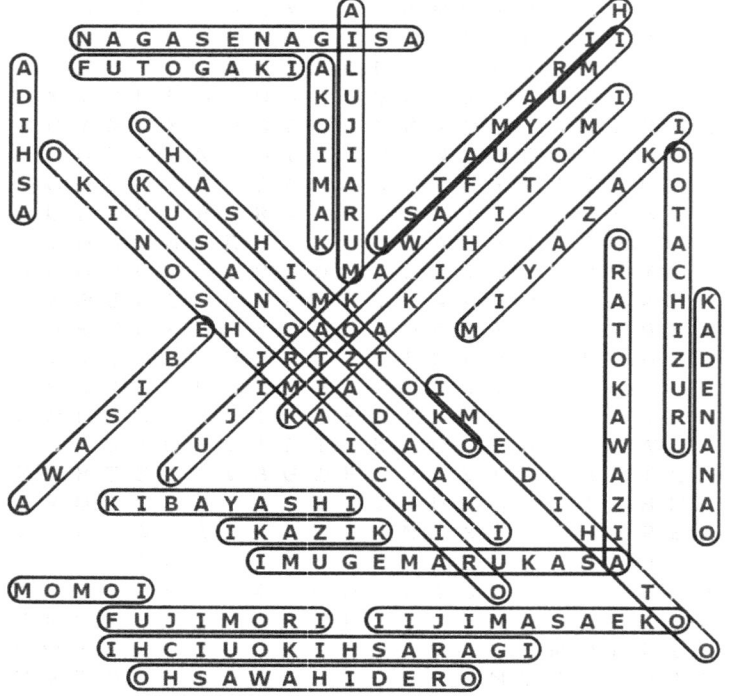

PUZZLE #45

One-punch Man

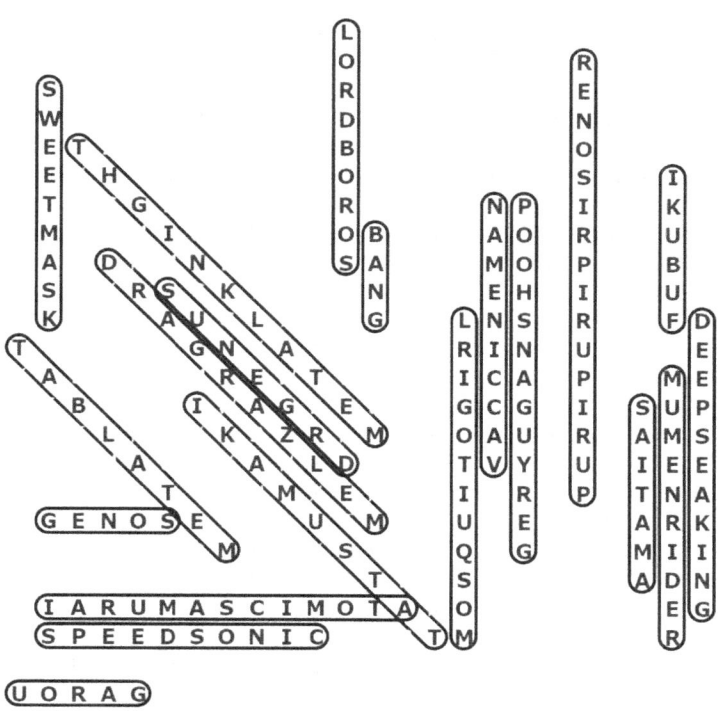

PUZZLE #46

Case Closed 1

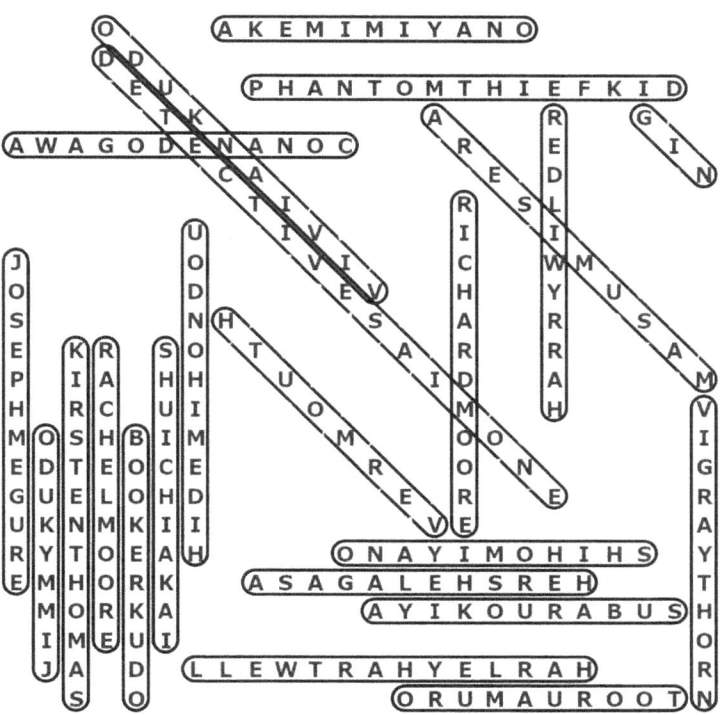

PUZZLE #47

Case Closed 2

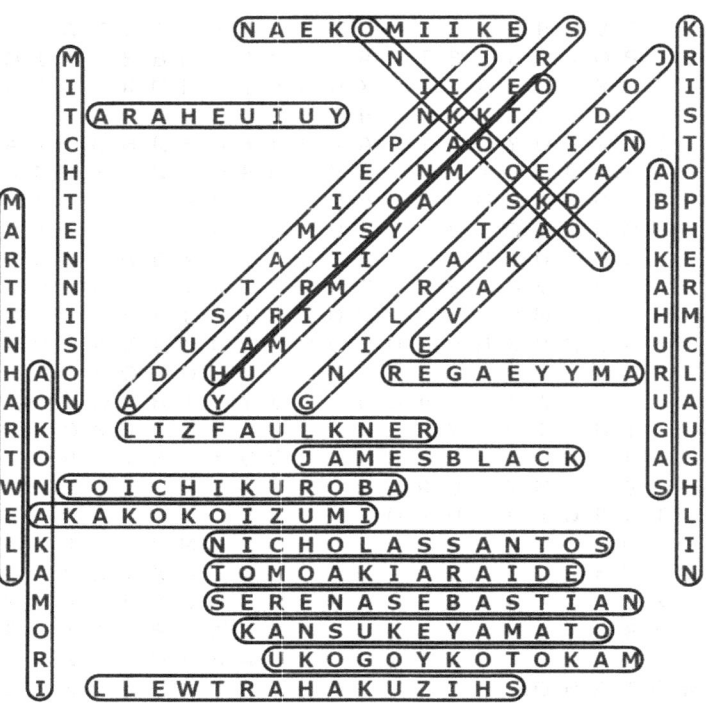

PUZZLE #48

Sailor Moon

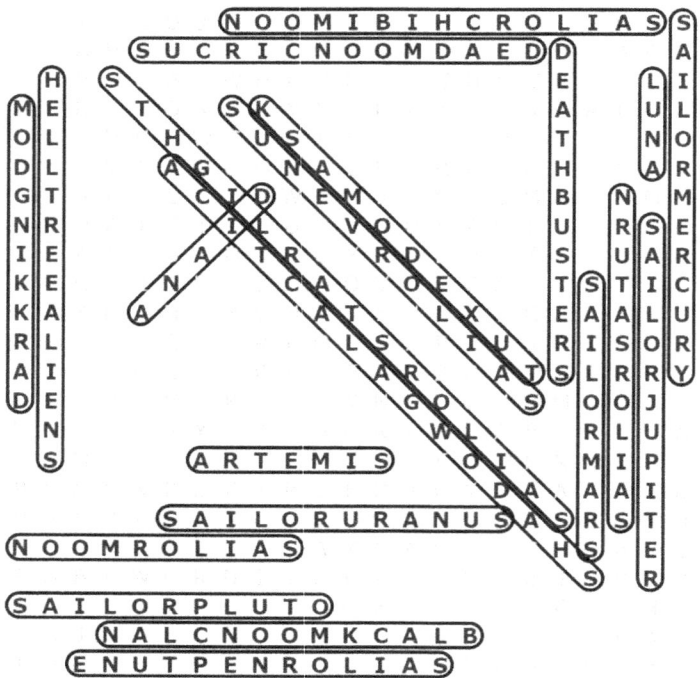

Inuyasha 1

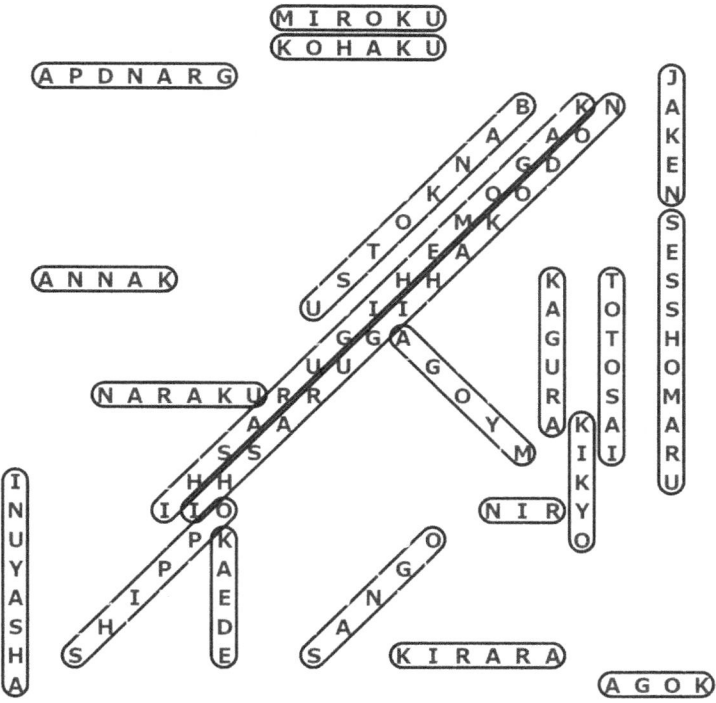

Inuyasha 2

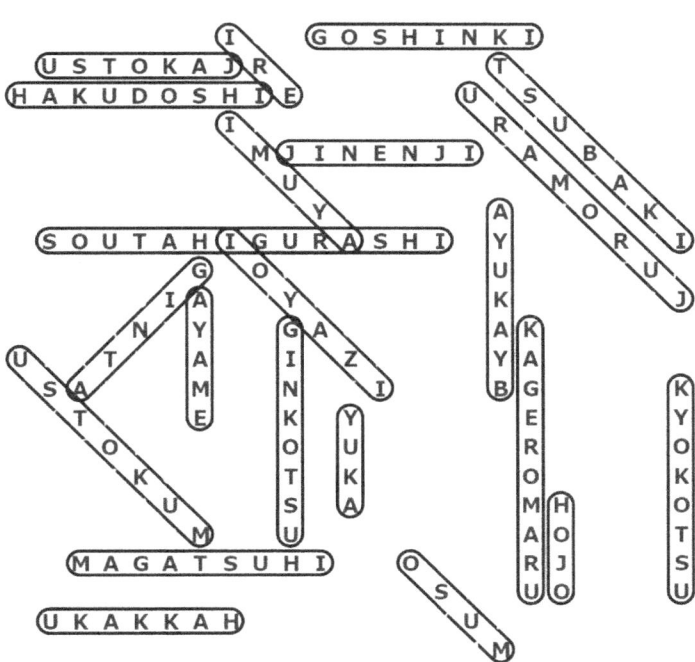